Biografia lui Satan

O prezentare istorică a Diavolului și a domeniilor sale „arzătoare"

Dezvăluirea originii orientale a credinței în Diavol și în pedeapsa eternă. Explicarea originii păgâne a termenilor biblici: "fântâna adâncului", "iazul de foc și pucioasă", "înlănțuirea în întuneric", "scoaterea dracilor", "viermele care nu moare", etc.

Kersey Graves

Traducere de

Nicolescu Răzvan Alexandru

Editura Infarom

Târgu Jiu, 2019

INFAROM
http://www.infarom.ro

ISBN 978-973-1991-95-5

Editura: **INFAROM**
Autor: **Kersey Graves**
Traducător: **Nicolescu Răzvan Alexandru**
Imagine tematică a coperții:
Man Having to Choose between the Virtues and Vices,
de Frans Francken II

Descrierea CIP a Bibliotecii Naționale a României
GRAVES, KERSEY
   Biografia lui Satan : o prezentare istorică a Diavolului și a domeniilor sale "arzătoare" / Kersey Graves ; trad. de Nicolescu Răzvan Alexandru. - Târgu Jiu : Infarom, 2019
   Index
   ISBN 978-973-1991-95-5

2

Titlul original: *The Biography of Satan; Or, A Historical Exposition of the Devil and His Fiery Dominions*. (1865)

Copyright © INFAROM 2019

Acest material este sub incidența copyright-ului. Toate drepturile asupra lucrării sunt rezervate, atât parțial cât și în ansamblul ei, în special drepturile de traducere, copiere, citare, înregistrare, reproducere pe microfilm sau pe orice alt suport, precum și stocare în baze de date. Reproducerea acestei publicații sau a părților ei este permisă numai cu respectarea Legii dreptului de autor și cu acceptul scris al editurii INFAROM.

CUPRINS:

Prefață. 5
Introducere. 7
Capitolul I. Răul și efectele demoralizante cauzate de dogma pedepsei fără sfârșit. 13
Capitolul al II-lea. Tradiții antice în privința originii răului și a Diavolului. 19
Capitolul al III-lea. Scripturile evreilor nu prezintă un diavol hain și un iad fără sfârșit. 23
Capitolul al IV-lea. Explicarea termenilor *diavol* și *iad* în Vechiul Testament. 29
Capitolul al V-lea. Dumnezeu (nu Diavolul), cauza răului, potrivit Bibliei. 35
Capitolul al VI-lea. Dumnezeu și Diavolul, la început frați gemeni cunoscuți sub același nume. 39
Capitolul al VII-lea. Originea termenilor *Împărăția cerurilor*, *porțile iadului*, etc. De asemenea, despre tradiția privind balaurul care urmărește femeia, femeia învăluită în soare, etc. 59
Capitolul al VIII-lea. Iadul, întemeiat inițial în ceruri. Originea și coborârea sa din înalt. 65
Capitolul al IX-lea. Originea tradiției fântânii Adâncului. 67
Capitolul al X-lea. Originea credinței în iazul care arde cu foc și cu pucioasă. 69
Capitolul al XI-lea. Unde este Iadul. Tradiții antice privind natura și localizarea sa. 73

Capitolul al XII-lea. Gândurile rele ale omului, inspirate de Diavol. Originea acestei idei. Influența satanică limitată la fenomenele lumii exterioare. 75

Capitolul al XIII-lea. De unde a fost importat sau împrumutat Diavolul creștinilor. 79

Capitolul al XIV-lea. Elementele pedepsei post-mortem din Noul Testament au origine orientală. 81

Capitolul al XV-lea. Dovada faptului că dogma pedepsei de după moarte are origini orientale și a fost inventată de preoți. 87

Capitolul al XVI-lea. Explicarea termenilor *iad*, *Hades*, *Tartar*, *infern*, *gheenă*, *Tofet*. 95

Capitolul al XVII-lea. 163 de întrebări pentru aceia care cred în pedeapsa post-mortem. 97

ANEXĂ. Războiul din Ceruri. Îngerii căzuți sunt transformați în diavoli și balauri. 121

Prefață

În prefața ediției de față autorul consideră necesar să adauge faptul că întreaga lucrare a fost atent revizuită și corectată. Răspunsurile numeroase ale cititorilor în ceea ce privește ediția precedentă a acestei lucrări nu-i aduc autorului nicio îndoială că scopul vizat de publicarea sa va fi atins pe deplin. Scopul este acela de a supune atenției și de a opri dezvoltarea superstiției care provoacă cea mai mare teamă din rândul superstițiilor care s-au strecurat vreodată în pieptul ignoranților sau care au epuizat energiile minților umane și au redus respectivii posesori la condiția abjectă de sclavi înfricoșați.

În prefața unei lucrări este comună expunerea motivelor care au condus la realizarea sa. Întrucât motivele care au determinat apariția aceste lucrări sunt ilustrate parțial în capitolul inițial, intitulat „Mesaj cititorului" și în capitolul următor, care expune la nivel practic răul care izvorăște în mod necesar din dogma pedepsei viitoare sau post-mortem, vom adăuga explicațiilor respective doar următoarele elemente:

1. În ciuda faptului că s-au scurs multe veacuri de când a fost formată și introdusă în lume dogma pedepsei de după moarte, încă nu a fost prezentată publicului nicio lucrare completă și în același timp succintă asupra originii și scopului acestei doctrine dăunătoare, alături de diferitele sale elemente, dogme și tradiții copilărești, în ciuda faptului că acest subiect a trezit nenumărate întrebări.

2. Considerăm de cea mai mare importanță întreprinderea unui efort în ceea ce privește stoparea

avalanșei de teroare și nefericire care a avut și încă are drept sursă copioasă dogma osândei veșnice. Persoanele care nu au examinat amănunțit această chestiune nu își pot forma o opinie exactă (și nici măcar apropiată) privind proporțiile efectelor produse asupra lumii creștine și a celei păgâne de răspândirea acestei doctrine demoralizante.

3. Frica superstițioasă de pedeapsa de după moarte constituie motivul principal în baza căruia, doar în Statele Unite, se revarsă anual din amvoanele creștine peste un milion de predici. Costul acestora, de ordinul milioanelor de dolari, este suportat de buzunarul săracilor. Predicile respective suscită asupra celor religioși emoții agonizante și temeri îngrozitoare, care pot produce temporar deteriorarea stării fizice și mentale chiar și în rândul persoanelor celor mai virtuoase. Având în vedere faptul că majoritatea oamenilor (și chiar a preoților) nu cunoaște originea acestor doctrine superstițioase alarmante, autorul se consideră îndrituit din punct de vedere moral să ajute la stăvilirea răului și efectelor demoralizante aduse de această superstiție păgână înfricoșătoare și opusă civilizației. Bunul cititor să judece dacă aceste motive oferă justificare pentru realizarea acestei lucrări.

Frica superstițioasă a înrobit mințile foarte multor oameni, în toate perioadele istorice și în toate țările în care s-a impus. Acest tip de frică încă ține milioane de oameni în pumnul său de fier, dar este satisfăcător faptul că există premisele pentru a fi mai bine înțeleasă în adevărata sa lumină, prin prisma efectelor și originii sale.

KERSEY GRAVES

Introducere

„Frica are cu ea pedeapsa."[1]

Dragă cititorule, crezi sau ai crezut vreodată în dogma pedepsei viitoare fără sfârşit? Ai tremurat vreodată de frica viitoarei pedepse irevocabile de dincolo de mormânt? Te-ai înfiorat vreodată, confruntat fiind cu gândul îngrozitor că tu sau vreuna dintre persoanele care îți sunt cele mai dragi, v-ați putea număra printre cei ce vor primi, în ziua socotelii, sentinţa teribilă „Duceți-vă de la Mine, blestemaților, în focul cel veşnic, care a fost pregătit Diavolului şi îngerilor lui!"[2]? Ai fost vreodată chinuit sau îmboldit de astfel de prevestiri teribile? Ai fost chinuit de ele zile şi nopți, săptămâni şi luni întregi, dacă nu chiar ani, aşa cum au fost mii şi mii din rândul celor mai credincioşi pe parcursul întregii istorii a Bisericii? Ai fost prezent vreodată la o renaştere religioasă, atunci când preotul a destupat (în imaginaţie) gura arzătoare a Iadului (acea „fântână a Adâncului"[3] arzătoare, ale cărei flăcări „suie în sus în vecii vecilor"[4]) şi a zugrăvit, în faţa unei audienţe îngrozite, soarta groaznică a nenumărate suflete damnate, în lumea subterană? L-ai ascultat vreodată descriindu-le suferinţele şi agonia? Vorbind despre tânguirile lor asurzitoare şi terifiante, din care răzbate doar chinul? Descriindu-le

---
[1] 1 Ioan IV, 8.
[2] Matei XXV, 41 (K.G.).
[3] Apocalipsa IX, 2.
[4] Apocalipsa XIV, 11.

gemetele, ţipetele disperate şi asurzitoare, care reverberează în întunecimea temniţei în care se află asemenea unui amestec a mii de tunete, şi cutremură Cerurile, Pământul şi Iadul? Ai fost vreodată scuturat de o frică de necontrolat, care-ţi îngheţa sângele în vene în ciuda eforturilor de a o controla şi stăpâni, în timp ce oratorul din amvon ilustra într-o retorică incandescentă locuitorii nenorociţi ai acelei lumi a suferinţei şi zbuciumul lor în mijlocul oceanului de foc fără fund, în mijlocul întinderii neţărmurite şi clocotitoare de flăcări sulfuroase, agitată de talazuri cât munţii cei mai înalţi, de furtuni tunătoare de mânie divină ce nu se domolesc nicicând? De încearcă să-şi domolească setea arzătoare cu acest foc lichid, viermele care nu moare, înveşmântat în pucioasă arzătoare, le roade neîncetat inimile sângerânde în timp ce sunt sfârtecate de trăsnetele mâniei groaznice a lui Iehova, de săgeţile proaspăt extrase din tolba Domnului! Toate acestea petrecându-se în timp ce bătrânul Lucifer, executantul desemnat să pună în practică (parţial) mânia răzbunătoare a Domnului, complet nepăsător în faţa strigătelor îndurerate şi înnebunite, face să culmineze îngrozitoarea dramă dând lemn proaspăt focului mistuitor şi vârându-le pe gât tăciunii incandescenţi!

Stimabilul reverend D., un membru foarte popular al clerului, a emis următoarele sentinţe (iar criza produsă de *inspiraţia divină* şi de explozia mentală care a urmat l-a făcut să cadă lipsit de simţiri): "Taţi şi fii, pastori (luaţi aminte voi, pastorilor!) şi oameni, soţi şi soţii, fraţi şi surori, desfrânaţi şi desfrânate, diavoli respingători privirii sar unii la gâturile celorlalţi, cu venele gata să plesnească şi ochii injectaţi, în mijlocul flăcărilor eterne. Iar Domnul are răzbunarea în inimă şi Îl încântă să o dezlănţuie. Îi va călca în picioare cu furie de neoprit, iar sângele lor Îi va mânji veşmintele! (Mă întreb dacă se va reîntoarce pe «tronul său strălucitor de smarald» purtând respectivele veşminte însângerate.) Mă cuprinde ameţeala atunci când mă aplec peste genune!" (Întocmai, frate, escaladarea locurilor înalte are mereu acest efect asupra posesorilor de creiere mici. Vasele goale plutesc cu uşurinţă. În urma acestui efort istovitor şi descreierat de a speria păcătoşii pentru a-i face să intre în Rai, sugerăm cu umilinţă să fii învelit bine, să ţi se ia sânge şi să fii întins grabnic în pat. Să ţi se administreze opiacee şi pulberi calmante pe perioadă nedeterminată.)

Să mai luăm un exemplu. Reverendul Clawson, un membru al clerului metodist, care s-a întâmplat să fie pătruns de spiritul damnării la momentul la care ne referim (neştiind, după cum bănuim, "dacă a fost în trup sau fără trup"[5]), a aruncat în aer partea neconvertită a auditoriului său în următorul fel spasmodic: "Dumnezeu va arunca jar încins pe sufletele voastre goale până când se vor ridica grămezi cât piramidele din Egipt de înalte". Considerăm că până şi doamna Partington[6] l-ar fi considerat un caz grav.

Permite-mi să te întreb, dragă cititorule, dacă ţi s-a întâmplat să asişti vreodată la astfel de izbucniri înspăimântătoare de fanatism şi nebunie? Cele pe care le-am prezentat cu această ocazie sunt simple exemple de vorbe goale ale preoţilor, de tipul celor ce se revarsă fără încetare din amvoane, duminică de duminică, peste tot în lumea

---

[5] 2 Corinteni XII, 3 (K.G.).
[6] Personaj tulburat la minte creat de umoristului american Benjamin P. Shillaber.

creștină. Ce-i drept, limbajul nebunesc pe care l-am prezentat nu este folosit de fiecare dată, dar spiritul manifestat este același. Te-ai gândit vreodată la câtă teroare, spaimă, suferință și disperare a adus multor milioane de persoane din prezent și foarte multor din trecutul îndepărtat și superstițios? Dacă ai făcut-o, înțelegi motivul care ne-a determinat să scriem această carte. Avem certitudinea că frica aduce suferință și produce, prin urmare, nefericire. Suntem siguri, de asemenea, că, dacă realitatea istorică prezentată în cartea de față ar putea fi prezentată celor două sute de milioane de creștini, efectul produs ar fi acela de disipare al oceanului nemărginit de frică și nefericire din lumea religioasă. Întrucât ar deveni evident că dogma pedepsei viitoare nesfârșite a fost ticluită de preoți și că un Dumnezeu bun și binefăcător nu are nimic de-a face cu ea (lucru susținut de cei cucernici în toate religiile primitive ale lumii). Fiecărei persoane inteligente îi este evident de pe-acum că frica în fața damnării a fost și încă este un instrument puternic în mâinile preoților, un instrument de convertire a sufletelor la Dumnezeu, adică de *prelucrare* (sau înspăimântare) a păcătoșilor în vederea transformării lor în sfinți. Așa că numărul creștinilor înspăimântați de Diavol și de Iad a fost mereu cel puțin de zece ori mai mare decât numărul creștinilor pe care dragostea de virtute și adevăr îi face să fie drepți. Frica de Diavol, nu dragostea de Dumnezeu îi forțează la o supunere ezitantă și târzie în fața principiilor dreptății și onestității. Adică Diavolul este pus pe urma lor, asemenea unui câine de vânătoare, pentru a-i speria și a-i face să intre în Rai. Sunt prin urmare, doar niște sfinți înrolați, niște păcătoși pioși, creștini prin practică, dar ticăloși la inimă. Dacă vor primi binecuvântarea finală de bine lucrat, acest lucru se va datora, după opinia noastră, mai mult unor picioare puternice decât unor minţi virtuoase, întrucât primele menţionate îi fac să alerge mai repede decât marele duşman al sufletelor, care se află pe urma fiecărui creştin, "ca un leu care răcneşte şi caută pe cine să înghită"[7]. A venit momentul să luăm notă de un fapt remarcabil. Pe cât de important şi solemn trebuie să admitem că este acest subiect, având în vedere că priveşte soarta noastră pe eternitate, nu găsim nici măcar un creştin la mie care să poată da un răspuns inteligent la întrebarea privind originea acestei dogme a pedepsei post-mortem. (Personal, nu am găsit niciunul.) Nu ştiu nimic despre cum, când şi unde a apărut, iar faptul că ignoră aceste lucruri le explică credinţa oarbă şi tenace în această superstiţie. În general se consideră că sursa este creştină. Nu măreşte, oare, această ignoranţă lamentabilă necesitatea şi importanţa publicării unei astfel de lucrări? Baza acestei întrebări este faptul că un plus de cunoştinţe face ca oamenii să nu mai poată fi înşelaţi pentru a crede este vorba despre o normă divină. Se poate determina (în baza unor elemente cu caracter istoric) că are, de fapt, origine pământească şi preoţească, lucru ce înlătură teroarea care a subjugat membrii diferitelor religii ale fricii în toate timpurile. Dacă a fost vreodată înţeleaptă politica sperierii oamenilor cu chinurile Iadului pentru a-i face să apuce drumul virtuţii, aşa cum au susţinut cu ingeniozitate poliarhiştii greci (anul 300 d.Hr.), această politică este suspendată acum de introducerea unor motivaţii mai onorabile, lăudabile şi durabile în locul său.

---

[7] 1 Petru V, 8.

Capitolul I
Răul şi efectele demoralizante cauzate de dogma pedepsei fără sfârşit.

„Prea-Bunule Dumnezeu, îndeplineşte-mi, cel puţin,
Această simplă dorinţă insignifiantă:
Când voi fi plâns cât pentru o mie de vieţi,
Când însuşi chinul se va fi săturat de prada sa,
După ce voi fi rătăcit zece mii de ani în flăcări,
Da, zece mii ori zece mii,
Lasă-mă apoi să mor."[8]

Spaţiul disponibil nu ne permite o expunere elaborată a răului şi a efectelor imorale produse de dogma pedepsei fără sfârşit. Sub această constrângere vom prezenta o listă scurtă ce cuprinde o parte a acestora. Această listă este întocmită pe baza studiilor noastre mai largi legate de acest subiect. Precizăm că lucrarea de faţă este un compendiu al studiilor respective.

1. Credinţa într-o pedeapsă post-mortem nemiloasă este (după cum am arătat deja) o sursa bogată a fricii chinuitoare şi nefondate a tuturor credincioşilor.

2. Este, totodată, o sursă a nefericirii pentru milioane de oameni, care se tem pentru soarta prietenilor lor, chiar în cazul în care nu se tem pentru propria soartă.

---

[8] Din poemul „Night Thoughts", de Edward Young.

3. Teama de pedeapsa post-mortem predată în lumea creştină conferă Divinităţii un caracter dezonorant şi scandalos, dacă nu chiar blasfemator, prin faptul că o prezintă capabilă din punct de vedere moral să aplice pedepse înfiorătoare celei mai mari părţi a copiilor săi. Ar fi un monstru crud şi odios fie şi de-ar pedepsi în modul descris un singur om, timp de o singură zi.

4. Reprezintă o desconsiderare totală a atributelor morale ale omului, căruia îi atribuie o inimă de demon chiar şi după accederea în Rai şi includerea în rândul „duhurilor celor neprihăniţi, făcuţi desăvârşiţi"[9], din moment ce poate fi un martor impasibil al suferinţelor prin care trec milioane de fiinţe umane condamnate la nesfârşit.

5. A cauzat măcelul a milioane de oameni în încercarea de a-i converti alături de restul rasei umane la adevărata religie, în vederea salvării sufletelor lor de Iad.

6. A cauzat nenumărate sinucideri, infanticide, fratricide, etc.. Copii au fost ucişi ca nu cumva să ducă o viaţă criminală şi să îşi afunde sufletele în Iad.

7. Credinţa în posibilitatea posedării omului de către Diavol a făcut ca peste o sută de mii de fiinţe umane să fie torturate până la moarte în numeroase feluri de creştinii care credeau în vrăjitorie.

8. Credinţa în pedeapsa post-mortem a fost motorul, resortul principal al Inchiziţiei spaniole, în cadrul căreia creştinii au măcelărit şi trimis în faţa judecăţii Domnului peste patruzeci de mii de bărbaţi, femei şi copii.

---

[9] Evrei XII, 23.

9. A reprezentat cauza Cruciadelor, în cadrul cărora mâinile creștinilor au făcut cinci milioane de oameni să scalde pământul în sângele lor.

10. A contribuit la umplerea ospiciilor cu victimele ideii îngrozitoare a damnării.

11. A provocat o cheltuială enormă (în timp și bani) în realizarea diferitelor mijloace de propagare a doctrinei (cărți, broșuri, predici, etc.).

12. Și, în cele din urmă, transformă creștinii în lași, în loc de eroi morali, din moment ce face apel doar la frică (cea mai josnică motivație umană), în locul unui apel la iubirea de virtute care se găsește în mintea umană.

Dispunem de foarte multe elemente cu caracter istoric pentru a susține toate punctele de mai sus, însă nu putem ocupa această scurtă lucrare cu multe dintre ele. Versurile poetului Young citate la începutul capitolului susțin obiecțiile formulate în lista noastră la punctele 1, 3 și 4. Victima damnării spune în rugăciunea sa: "După ce voi fi rătăcit zece mii de ani în flăcări, lasă-mă apoi să mor". Dar lumea creștină ne spune că Dumnezeu răspunde: "Nu domnule, suferința ta nu se va încheia chiar niciodată!". Această dogmă nu este doar îngrozitoare pentru cei cu nervii slabi, ci reprezintă o adevărată blasfemie, din moment ce îl face pe Dumnezeu să pară un monstru mai lipsit de omenie și mai crud decât cel mai sălbatic tiran care a vărsat vreodată sânge uman pe acest pământ. Pentru că nici Nero și nici Caligula nu au încercat să-și pedepsească și să-și tortureze nici măcar dușmanii cei mai însemnați timp de un an de zile, ca să nu mai vorbim de eternitate, după cum ni se spune că procedează Dumnezeu.

Se poate și mai rău, însă. Ascultați următoarele cuvinte care îi aparțin uneia dintre cele mai însemnate voci de difuzare a credinței creștine, care a cinstit (sau, mai degrabă, a făcut de rușine) pământul creștin.

Reverendul J. Edwards, un predicator foarte popular al ultimului secol, președinte al unui seminar teologic din New Jersey, unul dintre luminații Bisericii creștine (după cum îl definește reverendul Robert Hall), proclamă de la pupitrul său sacru că „Aleșilor (din Rai) nu le va părea rău pentru cei damnați (din Iad). Chinurile damnaților nu le vor provoca nicio neliniște sau nemlțumire. Din contră, trista panoramă îi va bucura și îi va face să înalțe cântece de laudă". („Predici Practice ale lui Edwards", nr. 11).

Mai așteaptă puțin, cititorule, înfânează-ți oroarea până îți mai prezentăm un exemplu din aceeași categorie.

Reverendul Nathaniel Emmons, care a părăsit scena temporală în anul 1840, a făcut următoarele declarații în cadrul unei predici: "Fericirea celor aleși va consta, parțial, în observarea chinurilor prin care trec cei damnați în Iad, în rândul cărora se pot găsi proprii copii, rude, soți, soții și prieteni. În loc să apere aceste ființe nefericite, ei vor spune «amin, aleluia, slavă Domnului»". Presupunând că aceasta este o învățătură creștină, nu vei roși numindu-te creștin? Unii cititori ar putea răspunde spunând că acesta nu este creștinism, că reprezintă un fals creștinism. Subliniem, la rândul nostru, faptul că Raiul poate fi „un loc sau o stare a fericirii eterne" (conform dicționarului *Webster*) doar în cazul în care locuitorii săi pot asista la astfel de scene cu impasibilitate. Din moment ce se bucură de fericire perpetuă, trebuie să-i bucure toate scenele la care asistă. Trebuie să spună, prin urmare, amin, aleluia, slavă Domnului (după cum și fac potrivit Scripturilor) atunci când își văd prietenii și rudele în ghearele suferinței veșnice.

Înțelegi acum, cititorule, că Edwards și Emmons predicau tocmai adevăratele învățături creștine? Indiferent, considerăm astfel de sentimente adevărate blasfemii la adresa unui Dumnezeu just și binevoitor și calomnii la adresa naturii umane (cea a duhurilor drepților ajunși la desăvârșire). Dacă prietenii noștri, o dată intrați în paradis, ar avea un caracter precum acesta ce le este atribuit, aș prefera să fiu câne și să latru la lună pentru eternitate, renunțând chiar la privilegiul de a înălța imnuri sau de a cânta la „harpa cu o mie de coarde"[10] o veșnicie. Astfel de predici bombastice pot fi găsite aproape în orice colecție creștină, oriunde în lume, iar efectul lor este unul demoralizant asupra tuturor celor care le citesc și cred.

---

[10] Vers din imnul „*Creation*" compus de William Billings.

Capitolul al II-lea
Tradiţii antice în privinţa originii răului şi a Diavolului.

Ne-am propus să prezentăm cititorului în cele ce urmează o scurtă istorie a concepţiilor antice privind originea, acţiunile infernale şi maşinaţiile acelui monstru imaginar, mare duşman al fericirii umane, cunoscut sub numele de Diavol, Satan, Şarpele, Balaurul, etc.. Considerăm mai potrivită etichetarea sa drept Rivalul Atotputerniciei sau Atotputernic Adjunct.

Cititorul să ia notă de faptul extraordinar că Dumnezeu, nu Diavolul, era considerat la început cauza răului de către popoarele orientale şi că această învăţătură se găseşte în Biblia creştină. Cuvintele „Rău" şi „Diavol" par să fi fost sinonime la început. Cel de-al doilea provine din unirea termenilor *face* şi *rău*[11] şi reprezintă pur şi simplu o personificare a răului. Se poate dovedi în baza multor surse că ideea de rău a existat cu mult înainte ca Diavolul să fi fost descoperit sau conceput. Aşa că, dacă Maiestatea sa Diavolească sau oricare dintre prietenii săi ar pretinde că el este iniţiatorul răului, plângerea sa nu ar fi acceptată în sala de judecată. Curtea ar declara neînceperea urmăririi penale. La începuturile societăţii umane răul nu îi era atribuit Diavolului, ci însăşi Divinităţii. Răul era considerat o parte normală a scopurilor şi puterii divine. Divinitatea era considerată sursa atât a binelui, cât şi a răului. Din moment ce

---

[11] *Do-evil*, în limba engleză.

exista deja (în concepția oamenilor) o Ființă Infinită (Dumnezeu), nu mai exista loc în creația inițială pentru o alta, iar Maiestatea sa neagră ca funinginea nu era inclusă. A reprezentat o idee ulterioară. Excelența sa cu coadă lungă a fost concepută doar cu ocazia celei de-a doua ediții a creației, ocazie cu care i-a fost permisă doar o existență în rândul șerpilor. În cele din urmă a căpătat titlul de ortac al preoților, pentru că fusese descoperită nevoia de o putere cu triplă natură. Prima, fântâna bunătății infinite „trage funiile dragostei"[12]. Cea de-a doua, preoții ex-trag (din buzunarele oamenilor). Și cea de-a treia, Șarpele urlător, alias Balaurul, alias Diavolul (ca un leu care răcnește), bagă păcătosul în paradis.

Adevărat grăiesc, "tare-i greu de trecut Iordanul"[13], adică paradisul pare a fi un loc destul de greu accesibil.

Am afirmat că Diavolul nu se regăsea în creația inițială. Considerăm o „taină a evlaviei"[14] faptul că, în ciuda absenței fricii de Belzebut, oamenii aveau totuși o reținere în fața crimelor. Presupunem că doar cei cu o minte spirituală (adică, aceia care au o minte suficient de spirituală și cărora „le-a fost dat să cunoască tainele Împărăției"[15] sau să-l vadă pe Diavol acolo unde nu este) pot înțelege acest mister.

Se poate stabili în baza multor mărturii istorice că niciun popor de la începuturi (nici măcar *poporul ales*) nu cunoștea sau nu concepea existența unui creator prim al răului (al unui ispititor al sufletelor) separat și deosebit de Dumnezeu. Este

---

[12] Osea, XI, 4.
[13] Vers al unui cântec popular în SUA, secolul al XIX-lea.
[14] 1 Timotei III, 16.
[15] Marcu IV, 11; Luca VIII, 10.

evident faptul că existența unei astfel de ființe nu ar fi fost de niciun folos, din moment ce oamenii nu concepeau încă așa ceva. Trebuie să presupunem, așadar, că nu se născuse sau că nu ieșise încă din ou. Straniu, din moment ce în baza concepție ortodoxe a existat o perioadă în istorie în care a fost indispensabil ca el să fie încoronat și pus pe tron. Acest fapt a fost larg răspândit și ni se spune că „întocmirile gândurilor din inima omului sunt rele din tinerețea lui"[16]. Prin urmare era nevoie de Diavol pentru a speria oamenii și a-i face să apuce drumul corect, drumul drept și îngust care duce la Iordan. Ni se spune că aceasta este înalta lui chemare, marele scop al creării sale. În aceste condiții, faptul că la început a fost omisă crearea sa sau că a fost creat, dar nu a fost făcut cunoscut, constituie o foarte mare greșeală. La început, binele și răul erau considerate grade diferite acele aceluiași lucru, ambele derivând de la Atotputernic, creatorul tuturor lucrurilor, atât bune, cât și rele, pe care mulți îl identificau cu Soarele. Să fie remarcat, cu această ocazie, că prima concepție la adresa răului și Diavolului a fost realizată în baza efectelor distructive ale forțelor naturii (despre care se știa că nu sunt în puterea omului), pe care nimeni nu le mai consideră rele de factură morală. Apare astfel prima idee neelaborată în privința Diavolului, care era considerat un distrugător, nu al sufletelor, ci al lucrurilor din natură.

---

[16] Geneza VIII, 21 (K.G.).

Capitolul al III-lea
Scripturile evreilor nu prezintă un diavol hain și un iad fără sfârșit.

Primii evrei (iudei sau israeliți, mai degrabă), la fel ca păgânii de dinaintea timpului lor, nu concepeau existența Diavolului sau a unui principiu al răului de natură diferită și atribuiau tot răul, dar și tot binele, lui Dumnezeu. Această afirmație se bazează pe următoarele:

1. Absența din Scripturile ebraice a celei mai mici aluzii la un astfel de personaj sau chiar la o eventuală pedeapsă după moarte.

2. Afirmațiile repetate, făcute în cadrul aceleiași Cărți Sfinte, privind faptul că Dumnezeu este cauza răului.

3. Faptul că toate numele, termenii de referință și numele din Vechiul Testament prin care este desemnat (acum) Diavolului (sau sunt folosite pentru a indica o astfel de ființă) erau folosite de evrei și în privința Domnului. Toate aceste denumiri își au originea în terminologia păgână (anterioară) privind astronomia și ființele spirituale născute din stele.

În privința primului dintre aceste enunțuri poate fi remarcat faptul că ortodoxii creștini au fost provocați să indice în Vechiul Testament ebraic (singura consemnare autentică a doctrinei lor) fie și o singură frază care să se refere la existența Diavolului, a iadului etern sau care să prezinte o doctrină echivalentă.

Dacă analizăm istoria primului păcat făcut de om (potrivit Scripturilor ebraice și creștine), nu găsim nicio trimitere la aceste dogme și nicio amenințare cu pedeapsa într-o altă viață (pentru această nelegiuire sau altele). Ar trebui să găsim cu siguranță, în măsura în care aceste dogme ar fi fost cunoscute și acceptate pe atunci. Ni se spune, ce-i drept, că mama Eva a fost ispitită de un șarpe să mănânce un măr. Numai că, potrivit dicționarelor noaste, un șarpe nu este Diavolul, ci doar un șarpe. Potrivit opiniei eruditului doctor Adam Clarke[17], șarpele care a ispitit-o pe Eva era de fapt o maimuță, animal diferit (cu toate că are coadă și înclinații distructive) de Diavolul copitat din imaginația ortodoxilor. Indiferent dacă ispititorul a fost Diavolul, un șarpe, o broască țestoasă, un biped, un patruped, o târâtoare, nimic nu sugerează că a avut vreun rol în pedepsirea lui Adam și a soție acestuia pentru multele lor nelegiuiri. Nu ni se povestește că aceștia ar fi ajuns în „fântâna Adâncului"[18] (cea fără fund). Nu este menționată nicio sentință, amenințare cu tortura eternă sau represiune dincolo de mormânt, ca pedeapsă pentru prima nelegiuire a rasei umane, pentru acele păcate nenumărate care ni se spune că au determinat căderea, depravarea și (aproape) ruina morală a întregii omeniri. Dacă ar fi existat pe atunci un diavol care să-i pedepsească pe cei răi, atunci ar fi fost cu siguranță pus la datorie. Întronarea și intrarea sa în funcție nu ar mai fi fost întârziate nici măcar cu un ceas. Cel puțin i-ar fi fost proclamate existența și domiciliul

---

[17] Adam Clarke (1760–1762, 28.08.1832), teolog metodist și cercetător al Bibliei născut în Irlanda de Nord.
[18] Apocalipsa XX, 3.

arzător „de la Dan, până la Beer Şeva"[19]. Furia tunătoare a lui Iehova ar fi coborât din Raiul moral în valuri de foc, în timp ce anunţa existenţa unei lumi a suferinţei eterne pentru tata Adam şi noua lui soţie făcută din coasta acestuia, care distruseseră omenirea prin consumarea unui măr. Existenţa unei lumi arzătoare şi a conducătorului atotputernic, perfid şi neobosit al acesteia ar fi trebuit să fie şi ar fi fost anunţate. Avizul ar fi fost săpat în caractere de aur pe bolta cerească imediat după prima nelegiuire a omului, în chip de avertisment etern adresat păcătoşilor sau celor care s-ar fi putut lăsa ispitiţi. Aceste anunţuri ar fi fost făcute dacă aceste dispoziţii de natură penală ar fi existat. În locul acestui lucru, însă, aflăm că pedeapsa era doar temporară. Pământul a fost blestemat, mama Eva a fost blestemată „să nască copii cu durere"[20], şarpele a fost osândit să mănânce praf de ar fi fost flămând (cu excepţia perioadelor ploioase, când ar fi trebuit să se descurce cu noroi) şi tata Adam a fost gonit cu băţul din grădină, fără a fi însă menţionată clocotitoarea fântână a Adâncului.

Să analizăm în continuare cea mai mare crimă comisă vreodată de mâna omului, uciderea unui frate (fratricidul). Cain avea să fie un „pribeag şi fugar pe pământ"[21] pentru uciderea fratelui său şi „pământul nu avea să-i mai dea bogăţia lui"[22] din aceeaşi cauză. Nu este emisă, însă, nicio

---

[19] Expresie care apare de nouă ori în Biblia ebraică şi desemnează perimetrul ocupat de triburile Israelite.
[20] Geneza III, 16.
[21] Geneza, IV, 14.
[22] Geneza, IV, 12.

ameninţare cu focul, fiertul sau prăjitul, care ar urma să fie aplicată în această viaţă sau în viaţa care va să vină.

Nu se face referire la dogma premiilor sau pedepselor din viaţa viitoare, nici măcar cu ocazia transmiterii Legii pe muntele Sinai, când trebuie să presupunem că a fost proclamată toată povaţa Domnului şi pe când ştim că lumea se găsea sub valul crimelor.

Nici măcar cu ocazia înecării întregii lumi ca urmare a nenumăratelor sale fărădelegi (în care nu erau implicaţi doar Noe şi familia sa) nu a fost anunţată soarta viitoare a celor răi şi nici nu a fost pomenită reşedinţa celui hain, a Şerpimii sale Satanice. Nu există nicio notificare cu privire la faptul că, în timp ce trupurile celor răi pluteau pe marea de ape, sufletele li se prăjeau în iadul de dedesubt sau le pluteau pe o mare de foc. Noe era un „propovăduitor al neprihănirii"[23], nu şi un propovăduitor al pedepsei veşnice.

Vom încheia discuţia cu următoarea remarcă: în vreme ce Iehova este adesea reprezentat enervându-se şi angajat în distribuirea de tunete şi fulgere asupra neamului său sfânt (în revărsarea de ameninţări, blesteme, imprecaţii asupra capetelor celor din poporul ales), acesta nu îi ameninţă nici măcar o dată cu foc şi pucioasă. Nu ameninţă că va arunca în fântâna Adâncului mulţimea necredincioşiilor pentru nenumăratele lor nelegiuiri şi răutatea inimilor nici măcar după ce fărădelegile lor ajunseseră cât un munte falnic, care se înălţa sfidător în faţa tronului Ceresc. Şi astfel s-au scurs două mii cinci sute de ani de la Creaţie, după cum am arătat (şi vom adăuga cel puţin încă o mie numărului respectiv,

---

[23] 2 Petru II, 5.

bazându-ne calculele pe cronologia furnizată de „Epistola sobornicească a lui Iuda") înainte ca Maiestatea sa Diavolească să fie introdusă în scenă. Cel puțin, înainte de a fi introdusă în societate sau înainte ca oricine să aibă onoarea de a o cunoaște sau de a-i bănui măcar existența. Având în vedere că nu găsim vreo urmă de-a sa în rândul profeților, fie a dus o viață extrem retrasă și obscură, fie se găsea încă în labirintul haosului. Fiindcă lumea creștină l-a încoronat rege al pandemoniului doar atunci când Evangheliile au început să circule.

Este suficient să ne referim la istoria ebraică și la cea creștină pentru a ilustra moralitatea și nivelul fărădelegilor din timpul perioadei întinse de timp în care lumea (sau, cel puțin această parte a sa) nu a avut un diavol care să ajute cauza Sionului. Moralitatea și nivelul respectiv au rămas aproape neschimbate în timpul predicării Diavolului, sistemului de înspăimântare cu iadul (sau al impunerii Evangheliilor) și sperierii oamenilor pentru a-i face să intre în paradis (mai degrabă în stranele cu plată ale preoților). Toate aceste politici au fost aplicate în timpul așa-zisului Ev Mediu întunecat. Dacă societatea a putut prospera în lipsa Diavolului timp de aproape patru mii de ani, de ce nu ar putea continua să prospere fără asistența sau prezența acestuia în toată vremea ce va să vină? Mai ales din moment ce dispunem de dovezi istorice ale faptului că societatea nu a fost îmbunătățită din punct de vedere moral de introducerea sa în lume sau de introducerea credinței în el. Acest lucru este ușor de demonstrat și este recunoscut de toți aceia cu cunoștințe de istorie. Având în vedere faptul că societatea nu cunoștea un agent prim al răului în perioada primordială, nu este evidentă presupunerea că introducerea sa după scurgerea mai multor mii de ani echivalează faptului că în economia Domnului s-a petrecut ceva complet nefolositor sau absurd. Cititorule, te rugăm să răspunzi la următoarea întrebare înainte de a citi în continuare. Spune-ne de ce este nevoie acum de două autorități atotputernice (Dumnezeu și Diavol) pentru a salva păcătosul sau pentru a purta creștinul în Rai, una conducându-l cu limbaj ademenitor „Veniți, binecuvântații Tatălui Meu"[24], cealaltă urmărindu-l ca un leu care răcnește, când timp de patru mii de ani a fost suficientă una singură. Reflectă, cititorule.

---

[24] Matei XXV, 34.

Capitolul al IV-lea
Explicarea termenilor *diavol* şi *iad* în Vechiul Testament.

Am afirmat în prealabil şi voi repeta cu această ocazie faptul că evreii primitivi nu cunoşteau noţiunile de diavol şi iad în raport cu viaţa de după moarte. Acestea nu se regăsesc în Vechiul Testament şi nici în alte scrieri ebraice anterioare captivităţii în Babilon (600 î.Hr.). Unele secte ebraice au căpătat aceste dogme în timpul captivităţii respective. Sunt conştient de faptul că termenii *diavoli* (mereu la plural) şi *iad* apar de mai multe ori în Vechiul Testament, însă nu sunt folosiţi în accepţiunea care li se atribuie acum. De fiecare dată când sunt folosiţi se referă exclusiv la această viaţă. Trebuie remarcat faptul că termenul *diavol* nu apare în Vechiul Testament. De fiecare dată când acest termen este folosit, este vorba de pluralul „diavoli", formă care face trimitere fie la divinităţile păgâne, fie la spiritele rele despre care mulţi evrei credeau că invadează minţile oamenilor în această viaţă. Nu aveau un diavol împărat sau un diavol principal şi nu aveau un loc în care să îl ţină, nu aveau o fântână a Adâncului cu foc şi pucioasă în care să-l arunce. În privinţa cuvântului iad folosit în Vechiul Testament, acesta este tradus şi derivat de fiecare dată din cuvântul „sheol", care înseamnă „mormânt" în limba ebraică. Putem remarca faptul că este tradus „mormânt" în 28 de cazuri. De ce nu a fost tradus mormânt în toate celelalte cazuri, reprezintă o taină a evlaviei care va fi explicată în continuare. Contextul, însă, şi sensul iniţial al cuvântului „iad", acolo unde se regăseşte în Vechiul Testament, indică limpede că ar fi trebuit să fie tradus „mormânt". Voi prezenta cu această ocazie câteva dovezi în acest sens. Iov exclamă: "Ah, de m-ai ascunde în mormânt"[25] (sheol). David exclamă: "Dacă mă voi culca în iad (sheol), iată-Te şi acolo!"[26].

Observaţi, vă rog, similaritatea de sens între citatele de mai sus. Şi, totuşi, în primul caz, „sheol" este tradus „mormânt", iar în cel de-al doilea, „iad". De ce a fost „sheol" tradus „iad" în cel de-al doilea exemplu, aşa încât David să fie făcut să spună că îşi va face patul în iad? Ce persoană, posesoare al unui minim de minte, ar putea spune (sau s-ar putea gândi) că îşi face patul într-un cazan cu foc şi pucioasă sau într-un cuptor cu jar încins? Nu ar putea închide un ochi o lună încheiată într-o astfel de situaţie. Dacă sheol ar fi fost, însă, tradus (în acest citat) mormânt în loc de iad, textul ar deveni „Dacă mă voi culca în mormânt," etc., limbaj care este mult mai aproape de realitate, întrucât mormântul chiar ne va fi pat după ce trupurile ne vor fi date pământului. Întreb, prin urmare, care este traducerea rezonabilă, „iad" sau „mormânt"? Urmează un alt exemplu. Iona este făcut să spună: "Din burta iadului am strigat şi mi-ai auzit glasul"[27]. Cum? Iona, un om prea virtuos ca să sfârşească acolo, s-a prăvălit în Tartar prin „Găurile lui Symmes"[28] fără a fi văzut de Omniscienţă, care nu a luat aviz de această catastrofă până

---

[25] Iov XIV, 13.
[26] Psalmii, CXXXIX, 8.
[27] Iona II, 2.
[28] John Cleves Symmes, căpitan în armata americana, a elaborat în anul 1818 teoria care prevede că pământul este gol şi conţine mai multe sfere concentrice. Pământul prezintă două deschideri la polii terestrii, "Găurile lui Symmes".

când profetul nu a răcnit suficient de tare pentru a fi auzit peste tânguirile damnaților, tocmai din burta iadului până sus la tronul Ceresc.

Ce a făcut domnia sa Iona pentru a scăpa din ghearele Necuratului, din strânsoarea lui Belzebut? Cum a reușit să-l păcălească pe bătrânul Tisiphon, temnicerul care păzește porțile iadului zi și noapte, pentru a reuși să iasă și să-și croiască drum înapoi la Ninive? În vremea respectivă Isaac T. Hoppers[29] nu se găsea în Pandemoniu și nu avea cine să construiască un metrou care să ajute ocazional evadarea unor suflete damnate. Adevărul este că burta iadului a fost pentru Iona burta unei balene (un locșor destul de cald, însă departe de pucioasa clocotitoare), în care era exclus să-și pârlească părul sau să se ardă.

Este evident, prin urmare, că „sheol" este tradus „iad" în mod impropriu. Probabil că nu ar fi fost tradus astfel dacă un creștin nu ar fi afirmat o dată că "Nu se cade să nu fie diavol și iad în Vechiul Testament". Sentimentele sale erau asemănătoare celor care l-au făcut pe un membru al clerului metodist să exclame în fața credincioșilor, "Fraților, adepții doctrinei mântuirii universale ne spun că toți oamenii vor fi salvați. Dar noi nu credem acest lucru. Sperăm la lucruri mai bune.".

Să nu fie, totuși, înțeles că aceia care au tradus „sheol", „iad", vizau ceva ce nu aparține acestei lumi. Unii dintre ei chiar au admis faptul că nu se referă la o altă stare

---

[29] Isaac Tatem Hopper (3.12.1771 - 7.05.1852) a fost un aboliționist american. A militat în favoarea desființării sclaviei, a ajutat sclavii negri să se elibereze și le-a oferit protecție. A ajutat dezvoltarea liniilor de metrou în Philadelphia și New York.

existenţială. Aş risca să afirm că niciun învăţat evreu nu şi-ar pune în pericol reputaţia, acordând cuvântului „sheol" sensul de loc al suferinţei de după moarte. Au toţi destulă minte. Comentatori experimentaţi ai limbii şi istoriei ebraice admit că sensul adevărat nu este acesta, iar contextul dovedeşte acest lucru. Conform istoriei ebraice, conceptele de diavol şi iad (care i-ar fi aşteptat pe cei răi în viaţa viitoare) nu se regăsesc în istoria timpurie a acestei naţiuni.

În sprijinul acestei afirmaţii se poate întocmi o culegere cu extrase din scrierile autorilor celor mai de seamă, atât evrei, cât şi creştini. Sunt, însă, edificatoare chiar şi puţine astfel fragmente.

Celebrul istoric al Bisericii, dl Milman, declară că „Moise, legiuitorul, păstrează o linişte completă în privinţa acelui articol fundamental (dacă nu al legislaţie politice, cel puţin a celei religioase) care priveşte răsplăţile şi pedepsele din viaţa viitoare. ("Istoria evreilor", vol. I, pag. 117.)

Episcopul Warburton, care este bine-cunoscut în cadrul istoriei ecleziastice din Anglia şi pe care dl Arnold (un scriitor) l-a denumit „o podoabă strălucitoare a Bisericii Galicane[30]", spune: "În republica ebraică, atât răsplăţile, cât şi pedepsele erau doar temporale (pe de-o parte, sănătatea, viaţa lungă, abundenţa, puterea; boala, moartea prematură, războiul, foametea, robia, pe de cealaltă). Nicăieri în mozaism nu se găseşte nici cea mai mică menţiune sau aluzie inteligentă în privinţa «răsplăţilor şi pedepselor din viaţa viitoare»". ("Legislaţia Divină", volumul al II-lea, pag. 2.) Dl Mayer, profesor al Bisericii Reformate olandeze spune: "În scrierile lui

---

[30] Biserica Galicană a fost denumirea Bisericii Romano-Catolice franceze între anii 1682 şi 1790.

Moise nu este nicăieri menţionată o zi a judecăţii, la sfârşitul lumii". Dr. Paley, marele apărător al religiei creştine pe bază de logică, declară în acelaşi sens: "Religia mozaică vorbea de răsplăţi şi pedepse temporale şi se poate observă că acestea presupuneau în totalitate efecte lumeşti". („Predica a XII-a", pag. 10.") Episcopul Watson, marele apărător al credinţei creştine în faţa lucrării lui T. Paine, "Vârsta Raţiunii", ne spune că prin cuvântul diavoli sunt desemnaţi în Vechiul Testament bărbaţii şi femeile în ipostaza de clevetitori. Celebrul şi eruditul dr. Campbell afirmă: (în ceea ce priveşte cuvântul sheol, care este tradus iad în mai multe locuri în traducerea noastră a Vechiului Testament) „«sheol» indică ocazional starea morţilor, fără referire la fericirea sau nefericirea lor". Iar „Enciclopedia Religioasă a Angliei" ne spune că evreii credeau într-o lume sau într-un loc în care toate sufletele se reîntâlnesc după moarte, fără nicio diferenţiere.

Cei mai de seamă savanţi creştini admit, prin urmare, că evreii timpurii (cunoscuţi în principal drept iudei) nu aveau niciun concept în privinţa unui agent personificat al răului, a unui diavol personal care transcende această lume sau a unui loc al chinurilor eterne situat dincolo de graniţa timpului. Savanţii respectivi mai stabilesc şi că toate cuvintele sau numele din Vechiul Testament care par să sugereze astfel de idei, se referă exclusiv la acestă sferă a existenţei.

Capitolul al V-lea
Dumnezeu (nu Diavolul), cauza răului, potrivit Bibliei.

În perioada primordială, evreii îl considerau pe Dumnezeu cauza răului în virtutea faptului că El era sursa a tot ceea ce există. Trebuie admisă coerența logică a acestei poziții. Dumnezeu nu ar fi sursa tuturor lucrurilor, dacă nu ar fi și cauza răului. Doctrina răsplăților și pedepselor viitoare nu făcea parte din crezul ebraic pur și simplu pentru că (după cum e simplu de intuit) toate faptele omului, bune și rele deopotrivă, îl aveau ca sursă pe dumnezeul lor, Iehova. În Talmud se spune că "Toate sunt inspirate de marea Suflare". Faptul că îl considerau pe Dumnezeu sursa răului constituie, însă, mai mult de o simplă deducție bazată pe omisiunea din crezul lor a părții privind pedeapsa pentru faptele rele, aplicabilă în viața de dincolo. Au exprimat acest lucru fără echivoc în „Scrierile Inspirate". Luați notă de următoarea declarație inspirată a marelui profet al evreilor: "Eu întocmesc lumina și fac întunericul, Eu dau propășirea și aduc restriștea, Eu, Domnul, fac toate aceste lucruri."[31] Limbajul nu poate fi mai explicit. Profetul Amos întreabă: "Se întâmplă o nenorocire într-o cetate fără s-o fi făcut Domnul?"[32], iar Iov continuă pe aceeași linie: "Primim de la Dumnezeu binele și să

---
[31] Isaia XLV, 7.
[32] Amos III, 6.

nu primim şi răul?"³³. Solomon ajunge chiar să declare că: "Domnul i-a făcut până şi pe cei răi, pentru facerea de rău", pentru că aşa ar trebui să sune (nu ca în traducerea pe care o avem, în care ni se spune: "pentru ziua nenorocirii"³⁴). Să nu fie spus că în aceste texte se face referire doar la relele de natură materială. În numeroase pasaje, pe lângă acestea, este indicat faptul că nicio crimă cunoscută pe vremea aceea nu era comisă de sau nu avea loc fără aprobarea lui Iehova. De exemplu, el pune „un duh de minciună"³⁵ în gura profeţilor şi astfel toate neadevărurile rostite de aceştia erau ale sale. Profetul Ieremia merge mai departe şi spune că Dumnezeu l-a minţit practic cu propriile buze: "Chiar m-ai minţi de-a binelea? O, Doamne, m-ai amăgit, m-ai amăgit foarte tare"³⁶. Ezechiel marchează culmea: "Dacă prorocul se va lăsa amăgit (...), Eu, Domnul, am amăgit pe prorocul acela"³⁷. Având în vedere că amăgirea şi minciuna sunt sinonime, Dumnezeu este făcut mincinos, adică, tatăl minciunii în sistemul ebraic. Acest lucru avea să se întâmple cu Diavolul în sistemul creştin. El este reprezentat adesea mâniindu-se³⁸, furând sau aprobând furtul, jaful³⁹, crima⁴⁰, de fapt toate fărădelegile cunoscute în perioada aceea barbară.

Este uşor de înţeles pe baza acestor lucruri de ce evreii nu aveau diavol. Nu aveau ce să-l mai pună să facă. Domnul făcea

---

[33] Iov II, 10.
[34] Proverbe XVI, 4.
[35] 1 Împăraţi XXII, 23; 2 Cronici XVIII, 21.
[36] Ieremia XX, 7, Biblia Regelui Iacob.
[37] Ezechiel XIV, 9.
[38] Deuteronomul I, 37.
[39] Exodul XII, 36.
[40] Exodul XXII, 18; Deuteronomul XVII, 5; Leviticul XX, 10-18; etc.

tot. Săvârşea răul şi realiza binele. Pedepsirea celor răi cu focul etern ar fi însemnat să facă focul în jurul Domului lor. Remarcăm cu această ocazie că optimismul (credinţa că totul este aranjat astfel încât să fie cât mai bine) este respins cu dispreţ de Biserica Creştină, cu toate că reprezintă concluzia legitimă în baza pasajelor de mai sus, citate din Biblia lor sfântă.

Bineînţeles, dacă toate fărădelegile, relele şi imoralităţile aveau sancţiunea divinităţii, era în regulă, era cu atât mai bine. Nu este incredibil nici faptul că evreii nu cunoşteau o linie clară de demarcaţie între bine şi rău (fapt care îi făcea să le confunde şi să le considere la un loc), având în vedere starea barbară şi copilăria mentală în care se găseau. Aceeaşi stare mentală şi aceeaşi doctrină se desprind din cele mai vechi cărţi ale Bibliei hinduse.

Capitolul al VI-lea
Dumnezeu şi Diavolul, la început fraţi gemeni cunoscuţi sub acelaşi nume.

Numele care fac acum referire la diavol erau folosite de evreii primitivi şi de alte popoare păgâne ale începuturilor pentru desemnarea Divinităţii. Aceasta este o altă dovadă a faptului că aceste popoare nu concepeau un diavol şi recunoşteau doar o sursă comună pentru bine şi rău în persoana lui Dumnezeu, Iehova. Chiar după ce o altă fiinţă (Diavolul) a fost creată şi i-au fost atribuite toate păcatele lumii, aceasta a continuat să fie desemnată prin aceleaşi nume pe care diferite popoare (inclusiv evreii) le foloseau exclusiv în privinţa lui Dumnezeu. Este evident, totuşi, că o fiinţă care posedă caracteristici opuse ar fi trebuit să fie desemnată printr-un nume care denotă calităţi opuse. Aşa cum vom arăta în curând, Diavolul a fost considerat la început un Dumnezeu, calitate sub care a fost venerat de mai multe popoare şi de unele secte creştine primordiale. Aceleaşi nume le erau atribuite lui Isus Cristos şi Diavolului. Sursă lor comună era reprezentată de noţiunea păgână în privinţa binelui şi răului, virtuţii şi viciului, iar la începuturi aceasta era identificată cu Soarele. În „Exodul VI, 3", Dumnezeu este reprezentat spunând: "M-am arătat lui Avraam, lui Isaac şi lui Iacov ca Dumnezeul cel Atotputernic". Acest Dumnezeu cel Atotputernic este denumit în Biblia ebraică Baal-Shadai. Dacă urmărim originea etimologică a lui Belzebut, a Diavolului, constatăm că ajungem la Baal-Shadai. Prin urmare ambii au origine comună. Belzebut este în forma originală din limba caldeeană şi din feniciană, Baalzebub. Avem, prin urmare, Dumnezeu cel Atotputernic - Baal-Shadai şi Baalzebub – Diavol. Concluzia la care ne duce continuarea investigaţiilor este aceea că aceşti termeni au fost atribuiţi iniţial aceleiaşi fiinţe. Baal, sinonimul lui Bel, era numele cu care chaldeii desemnau Domnul din Soare. Baal-Shadai era Soarele la zenitul gloriei sale şi Belzebut reprezenta Soarele în constelaţia Scorpionului. Mai avem şi Baal-ial sau Baal-iel, denumirile solare ale lui Dumnezeu în limba caldeeană şi în feniciană. Acesta este cuvântul sau termenul din care derivă afurisitul de Belial din Noul Testament creştin. Belial derivă din Baal-iel, „Domnul opusului", numele unei constelaţii opuse Soarelui în orice punct. Cel potrivnic, o altă titulatură a lui Satan („potrivnicul vostru, diavolul"[41]) provine, de asemenea, din aceeaşi sursă şi aceasta pentru că, cel potrivnic este la fel ca Belial un semn astral care formează un unghi drept cu Soarele (îi este advers, potrivnic). Pavel întreabă: "Ce înţelegere poate fi între Cristos şi Belial?"[42]. Răspund: aceeaşi pe care Cristos o are cu Tatăl, din moment ce toate conduc la aceeaşi sursă. Balaur este un alt nume al marelui procuror general al regatului de jos, iar acesta este un sinonim al lui Baal şi Bel. Sf. Ioan vorbeşte despre „şarpele cel vechi, care este diavolul şi Satana"[43], "un mare balaur roşu cu şapte capete şi zece coarne, care trăgea cu coada după el a treia parte din stelele cerului şi le arunca pe pământ"[44]. Şarpe,

---

[41] 1 Petru V, 8 (K.G.).
[42] 2 Corinteni VI, 15.
[43] Apocalipsa XX, 2.
[44] Apocalipsa XII, 3,4.

Diavol, Satan și Balaur sunt termeni folosiți ca sinonime. Să observăm cu această ocazie că Balaurul (Dragonul) era venerat de canaaniți sub numele de Dagon, iar Dagon este compus din Dag, peștele și On sau One, numele egiptean al zeului Soarelui sau al zeului din Soare. Acest On sau One este sursa la care duce „Sfântul Israelului" (The Holy One). Dragon sau Dagon înseamnă, prin urmare, Dag, peștele și On sau One, Soarele, adică Soarele în constelația Peștilor. Satan, un altul dintre numeroasele nume atribuite Maiestății sale copitate, provine din Saithain sau Aith-ain de la babilonieni, care se spune că înseamnă Logos, Fântâna Înțelepciunii, etc. Atunci, dacă Satan este fondatorul înțelepciunii, are sens, la urma urmei, porunca din Scripturi: "Fiți dar înțelepți ca șerpii (sau satanii) și fără răutate ca porumbeii"[45]. În baza acestei definiții a lui Satan poate fi determinat un grad de compatibilitate între două pasaje din Scripturi aparent în dezacord. Într-unul din aceste pasaje „Domnul l-a stârnit pe David împotriva lor, zicând: «Du-te și fă numărătoarea lui Israel»"[46] iar în celălalt Satan „l-a ațâțat pe David să facă numărătoarea lui Israel"[47]. Poate să pară un expedient pentru a înlătura o contradicție flagrantă, Dumnezeu și Diavolul să fie făcuți o singură persoană. Dar, probabil că scopul va sfinți mijloacele, iad dacă adevărul este uneori mai ciudat decât ficțiunea, de ce nu ar fi acesta un caz de acest gen?

O altă titulatură atribuită atât lui Dumnezeu, cât și Diavolului este aceea de Tată. Cristos a vorbit despre „Tatăl

---

[45] Matei X, 16.
[46] 2 Samuel XXIV, 1.
[47] 1 Cronici XXI, 1.

Meu care este în ceruri"[48] şi despre „tatăl vostru, diavolul"[49]. S-a adresat unei anumite clase de credincioşi, exclamând „Ava, adică Tată"[50]. Ei bine, aflăm că Ava (Abba) este format pornind de la Abadon (Abad-don), despre care aflăm de la Sf. Ioan că este numele lui Belzebut în limba ebraică, în vreme ce Apolion (Apollo în latină) este numele folosit de greci[51]. Apollo este, cu toate acestea, denumirea latină a Soarelui impersonal, a zeului Soarelui. Ava înseamnă Tată, Don înseamnă Domn în limba ebraică şi potrivit înalt inspiratului Ioan Divinul, împreună înseamnă Belzebut. Ava (Abba)-don-Tată-Domn-Belzebut, o titulatură destul de impunătoare pentru Şerpimea sa.

În cele ce urmează vom trece în revistă unele dintre numele folosite atât în privinţa lui Cristos, cât şi a Diavolului. Lucifer (sugerează chibriturile „Lucifer"[52], care au fost inventate probabil de Maiestatea sa Satanică) este un nume ilustru, deşi mai puţin comun, al Necuratului. Consider că bătrânul domn era mai des numit astfel în trecut, în comparaţie cu prezentul. Cu toate acestea, este unul dintre numeroasele nume sub care a fost cunoscut. Isaia îl botează pe Maiestatea sa Regală, "Luceafăr strălucitor, fiu al zorilor"[53]. Unii traducători îl numesc Luceafărul de dimineaţă. Lucifer a fost apoi Fiu al Luceafărului de dimineaţă. În ceea ce-l priveşte Cristos, citim în „Apocalipsa XXII, 16": "Eu, Isus, sunt

---

[48] Matei XII, 50.
[49] Ioan VIII, 44.
[50] Romani VIII, 15; Galateni IV, 6; Marcu XIV, 36.
[51] Apocalipsa IX, 11.
[52] Chibrituri care se aprind pe orice suprafaţă de contact, inventate de Isaac Holden (7.05.1807 – 13.08.1897).
[53] Isaia XIV, 12.

Luceafărul strălucitor de dimineață". Atunci diferența dintre Lucifer și Isus este aceea dintre Luceafăr și Luceafărul de dimineață. Dar Baily[54] și Dupuis[55] arată că nu este nicio diferență. Era una și aceeași stea. Identitate numelui și faptul că ambii reprezentau o stea sunt întărite când ne amintim că amândoi erau considerați sursa luminii.

Cristos era „O Lumină care să lumineze neamurile"[56]. Lucifer (sau Satan) este numit „înger de lumină"[57] sau Stea de lumină, pentru că în antichitate stelele erau considerate îngeri sau casele îngerilor și li se vorbea, câteodată, ca unor îngeri. Așadar, îl avem pe Cristos în calitate de Luceafăr al dimineții, Lumină care să lumineze, etc., iar Satan sau Lucifer, o Stea de lumină. Amândoi sunt stele, amândoi lumini. Ambii sunt numiți Dumnezeu. Cristos este „Dumnezeul păcii"[58], iar Satan este „dumnezeul veacului acestuia"[59], iar oportunitatea acestor titulaturi nu cred că este pusă în discuție în lumea creștină. Cristos însuși pare să le fi acceptat, întrucât atunci când Satanitatea Sa i-a oferit „toate împărățiile lumii"[60] în schimbul unei genuflexiuni, nu i-a pus la îndoială titulatura, nu i-a contestat dreptul de proprietate și nici măcar nu a pus la îndoială validitatea pretenție nemărginite asupra tuturor

---

[54] Francis Baily (28.04.1774 – 30.08.1844), astronom englez.
[55] Charles François Dupuis (26.10.1742 – 29.09.1809), savant francez. A dezvoltat alături de Constantin François Chasseboeuf de Volney teoria potrivit căreia religia creștină ar reprezenta un amestec al multor mitologii antice și Isus ar fi un personaj mitologic.
[56] Luca II, 32 (K.G.).
[57] 2 Corinteni XI, 14.
[58] 2 Corinteni XIII, 11 (K.G.).
[59] 2 Corinteni IV, 4.
[60] Matei IV, 8.

împărăţiilor lumii. Părea dispus să dea Diavolului ceea ce i se cuvine, dacă nu şi puţin peste.

Cristos a fost numit „Domn". Aşa a fost numit şi conducătorul regatului pucioasei. Cristos era „Domnul păcii", iar Satan, „Domnul întunericului", "Domnul puterii văzduhului"[61]. De ce i se spunea „Domnul întunericului"? Focul şi pucioasa nu dau oare lumină? Bineînţeles că da. Atunci, de ce să nu fie botezat „Domnul luminii", dacă tot e un înger de lumină? Oricum, este recunoscut faptul că este un „Domn" asemenea lui Cristos şi până aici sunt egali.

Cristos a primit titulatura demnă de tot respectul de Fiu al Domnului, iar Satan a primit şi el una asemănătoare. Dacă interpretăm titulatura de „Fiu al zorilor", realizăm că este vorba de Fiul lui Dumnezeu, care a creat faptul zilei, care conduce revărsatul zorilor, Fiul Dumnezeului din Soare. Probabil. Însă, numele cel mai des folosit, un adevărat simbol, este acela de şarpe, aşa cum îl descrie însuşi Sfântul Ioan: "şarpele cel vechi, care este diavolul şi Satana"[62]. Dar şarpele era un simbol (popular în rândul evreilor) al lui Dumnezeu, dacă nu chiar o denumire directă a Divinităţii. Ni se spune că „Moise a făcut un şarpe de aramă şi l-a pus într-o prăjină şi oricine era muşcat de un şarpe şi privea spre şarpele de aramă trăia"[63]. Aceasta este o probă convingătoare a faptului că şarpele era considerat a-l reprezenta pe Iehova. În primul rând, faptul că în aproape toate ţările este folosit pentru a reprezenta Diavolul sau Divinitatea, pare să indice că şarpele lui Moise avea menirea de a-l reprezenta pe unul sau pe

---

[61] Efeseni II, 2.
[62] Apocalipsa XII, 9.
[63] Numeri XXI, 9 (K.G.).

cealaltă. Iar atunci când Isus Cristos ne spune că „Moise a înălţat şarpele în pustie"[64] ca pe o formă a sa (a lui Cristos), nu mai avem dubii pe care dintre cei doi (Dumnezeu sau Diavol) avea menirea de a-l reprezenta. Nu mai încape dubiu că era un simbol al Divinităţii, mai ales dacă ne gândim la puterea vindecătoare de natură dumnezeiască ce îi era atribuită, egală celei a Balaurului, marele idol al Babilonului (faţă de care nu era mai prejos). Cu greu am putea concepe o venă mai profundă a idolatriei care să traverseze sistemul religios sau mitologic al unui popor, decât aceea implicată de şarpele de aramă al lui Moise, imaginea de aramă a lui Dumnezeu. Puteri superioare şi astfel de atribute esenţialmente divine nu i-au mai fost atribuite unui alt idol. Să considerăm infracţiunea vizată de prima poruncă[65] „Să nu-ţi faci chip cioplit, nici imagine din ceruri, de pe pământ sau din ape, ca să te închini lor". Nu este, oare, figura din aramă o imagine de pe pământ sau din ape? Nu se găsesc, oare, şerpi din belşug în zonele respective? Se găseau mai cu seamă pe atunci. Ce-i lipseşte acestei înălţări a imaginii şarpelui înfăptuită de Moise pentru a constitui idolatrie şi o încălcare a poruncii?

Sursa apariţiei acestei tradiţii a şarpelui din aramă în rândul evreilor nu este greu de determinat. Egiptenii, în rândul cărora evreii trăiseră timp de mai multe sute de ani, acordau o consideraţie deosebită şerpilor (aşa cum obişnuiau să facă şi alte popoare păgâne). Şerpii erau veneraţi şi erau larg folosiţi ca simboluri religioase. Persanii, în rândul cărora evreii au trăit mult timp, aveau şi ei acest obicei. Aproape

---

[64] Ioan III, 14.
[65] Prima poruncă în credinţa catolică, cea de-a doua pentru creştinii ortodocşi.

orice popor de pe faţa pământului cunoştea, în perioada respectivă, venerarea şarpelui în calitate de simbol al lui Dumnezeu şi al atributelor Sale. Motivul care a condus la alegerea şarpelui în aceste scopuri este uşor de explicat. Pur şi simplu pentru că forma sa fizică şi caracterul său îl făceau potrivit în simbolizarea celor mai multe atribute care erau atribuite Divinităţii.

Vom încerca o prezentare succintă a acestei chestiuni. Structura unitară a corpului său, fără membre sau părţi externe, sugera faptul că şarpele este simbolul pentru reprezentarea caracterului unitar al Divinităţii. Mişcare sa, care se produce fără concursul membrelor şi fără zgomot, sugera actele neauzite şi nemaipomenite ale Divinităţii în univers, sugera presupusa putere a Acesteia de se muta fără a merge, fără a folosi membre. Reprezenta mişcarea neauzită a planetelor în orbitele lor, care putea fi totuşi observată de cei care li se închinau. Aceste sfere lucitoare erau venerate şi erau considerate locuinţele zeilor minori. Nenumăraţii solzi lucitori ai şarpelui, care urmează mişcarea sferelor vizuale situate în partea din faţă a capului, păreau stele de pe cer care se lasă conduse de Soare şi de Lună. Dacă îşi prindea coada în gură, forma cercul ales simbol al eternităţii. Dl Higgins spune: "Şarpele era simbolul eternităţii şi al nemuririi care a ispitit femeia (în paradis) pentru a produce vlăstare nemuritoare".

Această învăţătură a unora dintre cele mai vechi religii şi mitologii confirmă cu putere povestea cu Adam şi Eva şi şarpele din Eden. Folosirea şarpelui în reprezentarea nemuririi era sugerată de faptul că acesta îşi schimbă anual pielea. Acest proces care nu îl lăsa totuşi fără înveliş exterior i-a făcut pe mulţi să creadă că şarpele nu murea niciodată, dar se regenera, renăștea în fiecare an. Toți vedeau în acest proces o ilustrare a acțiunii de îndepărtare a corpului realizată de suflet cu ocazia nașterii în viața fără de moarte. Acestea sunt motivele care sugerau folosirea sa în reprezentarea eternității și a nemuririi. Oamenii își imaginau că șuieratul șarpelui se asemăna cu „un susur blând și subțire al Domnului"[66].

Profetul evreu Isaia părea să fi fost pe linia acestei idei superstițioase păgâne atunci când a spus: "... Domnul va șuiera muștelor de la capătul râurilor Egiptului și albinelor din țara Asiriei"[67]. Sună a șarpe și a păgânism. Și vocea blândă și subțire a lui Cristos se trage cu siguranță tot din această sursă șerpească, pentru că vocea blândă și vocea subțire îi erau atribuite șarpelui.

Mai mult decât orice, puterea fascinantă a șarpelui sugera „funiile de dragoste"[68], cu ajutorul cărora se presupunea că Dumnezeu mișcă toți oamenii. Cristos a spus: "Dacă voi fi înălțat (ca șarpele lui Moise), voi atrage la Mine pe toți oamenii"[69]. La fel atrăgea la el șarpele lui Moise, la fel toți șerpii obișnuiți, când oamenii intră în sfera puterilor lor magice. În plus, aproape toate popoarele orientale consemnate de istorie considerau că șarpele are puteri vindecătoare. Aflăm că această idee era foarte puternică în Egipt și, cel mai probabil, Moise (care „învățase toată înțelepciunea egiptenilor"[70]) a împrumutat ideea șarpelui din aramă pentru a vindeca israeliții mușcați de șarpe. Mai aflăm

---

[66] 1 Împărați XIX, 12.
[67] Isaia VII, 18.
[68] Osea XI, 4.
[69] Ioan XII, 32.
[70] Faptele Apostolilor VII, 22.

că, încă de foarte devreme în istoriile lor, hinduşii şi grecii obişnuiau să poarte cu ei în călătoriile lor o prăjină pe care era încolăcit un şarpe. Să ne amintim că şarpele din aramă al lui Moise era pus într-o prăjină. Şi, potrivit lui Faber, simbolul zeului Aesculapius[71] era un şarpe încolăcit pe o prăjină.

Cuvântul serafim (care indică o categorie de îngeri în religia ebraică[72]) şi cuvântul Serapis (numele unui zeu egiptean) par să provină de la şarpe. Avem şi o particularitate bizară, care trebuie privită drept sursa marelui respect acordat reptilelor. Potrivit lui Iosephus[73], mama adoptivă a lui Moise (Thermuthis) fusese numită după un şarpe (cel puţin, egiptenii aveau un şarpe numit astfel). Ni se spune că hotentoţii cred încă din negura vremii că zdrobirea capului şarpelui cu călcâiul, va vindeca muşcătura acestuia. Acest lucru aduce în minte sămânţa episodului cu femeia care zdrobeşte capul şarpelui[74]. Am afirmat cu altă ocazie că numele Eva se trage din Heiva sau Heva, numele unui şarpe. Menţionăm cu această ocazie că unii dintre creştinii timpurii acordau un respect deosebit şarpelui. Membrii uneia dintre primele secte creştine din istorie erau numiţi ofidieni (de la ophis, şarpe), în baza omagiilor pe care le aduceau şerpilor.

Aflăm de asemenea că în urmă cu peste o mie de ani creştinii obişnuiau să ia cu ei şerpi atunci când călătoreau, la fel cum făceau şi păgânii menţionaţi mai devreme. Pe pereţii

---

[71] Aesculapius era zeul medicinei în mitologia romană (Asclepios în mitologia greacă).
[72] Isaia VI, 2 – 6 (K.G.).
[73] Iosephus Flavius (37 , Ierusalim – cca. 100, Roma) a fost un istoric evreu din primul secol.
[74] Geneza III, 15.

unora dintre cele mai vechi biserici creștine sunt reprezentați șerpi. Religia creștină pare să fi avut, astfel, un loc de cinste pentru șarpe la începuturile sale. Reamintim faptul că șarpele din Grădina Edenului era identificat de creștini cu Satan, în timp ce șarpele lui Moise era un simbol al lui Iehova, cel puțin în privința puterilor sale vindecătoare de origine divina. Și alte religii sau popoare, mai bătrâne decât creștinii și evreii, făcuseră din șarpele o figură mistică, o reprezentare atât a binelui, cât și a răului personificat, a Divinității și a Diavolului. Șarpele era atât creator, cât și distrugător, se recrea pe sine de fiecare dată când își înlocuia învelișul exterior cu unul nou, iar mușcătura sa veninoasă putea distruge pe oricine i s-ar fi împotrivit. Veninul șarpelui era fatal, la fel ca otrava picurată în sufletele muritorilor de marele adversar al rasei umane, iar fascinația irezistibilă a puterilor șarpelui era considerată asemănătoare vicleniei și ispitelor Necuratului. Toate acestea au sugerat cu putere necesitatea identificării celor doi.

Prin urmare șarpele a devenit un diavol sau Diavolul. Acesta este un alt exemplu de folosire a aceluiași nume pentru a-L desemna atât pe Dumnezeu, cât și pe Diavol. Capătă astfel întărire afirmația noastră privind faptul că erau inițial una și aceeași persoană, după cum indică foarte clar toate numele și titulaturile Tatălui, Fiului și ale lui Satan, care au fost prezentate până acum. Am arătat că unele nume erau folosite în anumite cazuri literalmente pentru a face referire fără distincție la Iehova, Isus Cristos și Diavol, fapt din care deducem că la început erau considerați un tot unitar, derivau din aceeași percepție imperfectă care determina concepția unitară a binelui și răului care se amestecau și se confundau.

Această poziţie este coroborată de mărturii creştine. Reverendul Pitrat (în cartea sa „Originea păgână a doctrinei mântuirii doar a celor aleşi", pag. 58) îl citează pe poetul grec, Euripide, care spune: "Binele nu este separat de rău în nicio instanţă. Este mereu vorba de un amestec al celor două elemente". Autorul adaugă: "Această opinie este veche de când lumea şi a fost susţinută de teologi, legiuitori, poeţi şi filosofi".

Ni se indică faptul că această poziţie era dominantă şi foarte veche. Binele şi răul (şi, bineînţeles, personificările lor, Dumnezeu şi Satan) aveau aceeaşi esenţă şi erau inseparabile, aşa cum credeau cei din poporul sfânt al Domnului. Sau, ca să fie şi mai clar, evreii şi strămoşii lor păgâni (dacă ne referim la începuturile istoriei) nu aveau diavol. Aceştia atribuiau toate ideile despre bine şi rău aceleiaşi fiinţe, iar atunci când binele şi răul au început să fie percepute ca elemente distincte, a fost trasă o linie între ele şi a fost inventată o nouă cauză a celui din urmă. Numele şi titulaturile acestuia au fost împrumutate de la fiinţa compusă, Iehova, care fusese considerată până atunci sursa comună şi creatorul binelui şi răului. Diavolul sau personificarea geniului răului a fost creat în imaginaţia omului în calitate de Tată, Creator sau Cauză a răului doar atunci când sentimentele morale ale omului au evoluat şi s-a dorit o separare a virtuţii de viciu. Chiar şi în perioada respectivă, concepţiile lor în privinţa deosebirii dintre acţiunile morale şi cele imorale erau atât de slabe şi defectuoase, încât cauza nou inventată a răului era considerată încă un Dumnezeu, care merita omagii şi nu era lipsit în totalitate de calităţi morale. Unele popoare îl considerau doar puţin inferior lui Dumnezeu (primului

Dumnezeu). Până şi creştinii din zilele noastre îl consideră aproape egal (dacă nu, chiar superior), având în vedere că se dovedeşte un general mai bun decât Atotputernicul şi capturează aproape toţi supuşii acestuia, după cum se arată în Biblia lor. La început Geniul răului era considerat atât de aproape de Dumnezeul bunătăţii infinite, încât unele popoare îl considerau fratele geamăn al Acestuia. Vom cita istoria drept dovadă.

„În ceea ce priveşte spiritele rele", spune un scriitor, "dezvoltarea ideilor pare să fi avut loc gradual". În minţile oamenilor nu exista la început o separare netă între bine şi rău. În teologia hindusă, acelaşi zeu distruge şi creează şi nu se presupune că îşi desfăşoară activitatea distructivă din răutate. Aceasta are loc la fel cum se întâmplă şi în natură. În Egipt cele două puteri erau separate, dar Typhon cel rău era fratele geamăn al lui Osiris cel bun.

Ar trebui reţinut cu acestă ocazie că prima clasificare diferită a binelui şi răului nu a vizat sfera faptelor oamenilor. Aceasta a fost limitată la natura fizică, la acţiunile forţelor naturii. Atenţia omenirii pare să fi vizat pentru mult timp fenomenele naturale externe ale lumii. Pentru la fel de mult timp s-a considerat că aceeaşi fiinţă, acelaşi Dumnezeu care crease, avea să şi distrugă, că aceeaşi fiinţă care trimitea razele solare dătătoare de viaţă primăvara, trimitea şi pustiul îngheţat al iernii. Acelaşi Dumnezeu care aducea ploaia care reînvigora florile ofilite, iarba veştejită şi cerealele arse de soare, aducea de asemenea tunete şi fulgere distrugătoare. În cele din urmă, însă, pe măsura acumulării observaţiilor, percepţiile oamenilor s-au diferenţiat. Au început să creadă că diferenţa dintre energiile creatoare şi cele distructive ale naturii era prea mare pentru a i se putea atribui unei singure fiinţe. A apărut astfel ideea Geniului răului şi a Necuratului, cauza răului din natură, nu al celui dintre oameni, cauza răului natural, nu a celui moral.

„Este imposibil", spune filosoful şi istoricul grec Plutarh în opera sa „Hermes", "ca o singură fiinţă, fie aceasta bună sau rea, să fie autoare a tot ceea ce există, fiindcă Dumnezeu nu poate face rău".

Plutarh continuă: "Trebuie să recunoaştem două cauze în opoziţie, două puteri contrare, care conduc una la dreapta şi cealaltă la stânga. Din moment ce binele nu poate produce răul, trebuie să existe două cauze separate, una a răului şi cealaltă a binelui".

Acesta este tipul de raţionament făcut de preoţii lui Apollo şi de filosofii greci.

„Introducerea acestei schimbare", adaugă reverendul Pitrat, "denotă faptul că diferenţierea celor două principii (Dumnezeu şi Satan) se bazează pe dificultăţile cu care omul s-a confruntat mereu în a explica binele şi răul din natură în baza unei singure cauze".

În plus faţă de cazurile şi exemplele prezentate, putem face trimitere la teoriile unor popoare antice pentru a arăta că ideea iniţială a fost că diavolul era un zeu care conducea o parte a împărăţiei naturii, partea nefavorabilă, potrivnică şi rea a naturii. Pentru chaldeii şi persanii antici, diavolul conducea toate animalele şi păsările acvatice. În alte zone împărăţia sa era ceva mai restrânsă.

Plutarh spune, referindu-se la antici în general: "Credeau în doi zei cu activităţi diferite, dacă pot să spun aşa. Activităţile unuia îl făceau bun pe respectivul, iar ale celuilalt, îl făceau rău. Îl numeau pe primul «Dumnezeu», iar pe cel de-al doilea, «demon»". Despre persani spune: "Credeau că primul are natură de lumină, iar celălalt, de întuneric".

Acord perfect cu doctrina creștină modernă.

„În rândul egiptenilor", continuă Plutarh, "primul era numit «Osiris», iar cel de-al doilea, «Typhon», inamicul etern al celui dintâi".

Vom cita pe scurt alte câteva exemple pentru a arăta că doctrina unui agent personal, cauză și întruchipare a răului, nu reprezintă o idee proprie creștinismului. Aceasta are o origine păgână antică și era larg răspândită în lume cu mult înaintea erai creștine sau apariției lui Cristos. Augustin ne spune: "Asirienii antici și persanii admiteau existența a două principii, pe care le onorau ca pe doi zei, unul bun și celălalt rău".

Reverendul Pitrat spune: "Locuitorii din Tologomy, India credeau că universul este condus de două principii, unul bun, care este lumină și altul rău, care este întuneric".

Acesta continuă: "Peruanii (America de Sud) îl venerau pe «Pacha-Carnac» în calitate de zeu bun și pe «Cupai» drept zeu rău. Caraibienii recunoșteau existența a două tipuri de spirite. Unele erau binevoitoare, locuiau în paradis și ne invitau să facem bine, iar celelalte erau rele, pluteau pe deasupra noastră pentru a ne duce în ispită. Aborigenii din Terra Firma cred Soarele este zeul din paradis. Recunoșteau, în plus, existența unui principiu rău, cauză a tot răului".

Putem spune că și locuitorii regatului Pegu (Birmania) au credințe similare. La fel și portughezii, care își imaginează un mare Geniu al răului. Hotentoții numesc principiul bun „Conducătorul celor de sus" și pe cel rău, "Conducătorul celor de jos". Cel din urmă este cunoscut drept Touqua. Pentru locuitorii insulei Taiwan căpetenia demonilor este Chang, iar Ishy este Dumnezeu. În rândul locuitorilor insulei Tenerife, diavolul este cunoscut sub numele de Guyotta.

Oamenii din Coterdea cred în doi zei, unul alb şi bun, celălalt negru şi rău. Oamenii din Scandinavia îl au pe Locke, zeul rău. Acesta se află în război perpetuu cu zeul cel bun (Thor). În Brazilia, Maiestatea sa Satanică este cunoscută sub numele de Aguyan. La tătari se numeşte Tous. Diavolul maniheiştilor se numeşte Hyle. Reverendul Pitrat ne spune că eschimoşii cred într-un zeu suprem bun, pe care îl numesc Uhuona şi în Quikan, creatorul a tot ceea ce este rău, care porneşte furtunile şi scufundă corăbiile. Reverendul continuă: "Cei din Siam închină sacrificii unui spirit rău, care este considerat cauza unică a necazurilor oamenilor". Acestă poziţie se aseamănă cu ideea hotentoţilor, care spun: "De la el curge tot răul în această lume". Chaldoranii (Iran) aveau stele rele (dar şi bune) pe care le considerau sub controlul Diavolului sau spiritelor rele. Plutarh spune că: "Dogma celor două principii (doi zei) era recunoscută de aproape toate popoarele". Realizăm, astfel, că ideile cele mai vechi în privinţa diavolului sau Geniului răului erau următoarele:

1. Diavolul este opusul lui Dumnezeu şi este el însuşi un Dumnezeu. Cei doi au caracteristici asemănătoare şi sunt pe poziţii aproape egale în privinţa puterii şi jurisdicţiei (în Persia erau consideraţi fraţi gemeni).

2. În majoritatea teogoniilor sfera lucrărilor răului era limitată, la început, la natura fizică.

3. Diavolul a fost conceput pentru ca Dumnezeu să nu fie autorul răului, deducţie care porneşte de la premisa că o fiinţă bună şi pură nu poate fi şi creatoarea a ceea ce nu este bun,

nu poate fi și creatoarea răului. O continuare a analizei secretelor naturii le-ar fi dezvăluit că tot răul, atât moral, cât și fizic, este o consecință a stadiului incipient în care se găsește natura, iar acesta va dispărea atunci când lumea va ajunge la perfecțiune.

4. Nu este menționat abisul în flăcări al Infernului, întrucât nu fusese încă descoperit sau imaginat. Un precursor de-al lui Columb nu navigase încă în direcția respectivă. Tronurile celor doi zei atotputernici erau situate în stele sau în natură. Unii situau în Soare zeul bun și îi trimiteau rivalul pe Lună sau pe alte planete, din moment ce majoritatea concepțiile teologice din perioada respectivă aveau legătură cu cerul înstelat. Distanța care despărțea cele două împărății nu este cunoscută. În Persia erau situate atât de aproape, că Mithra, Mediatorul, (sau Inter-Mediatorul, după cum îl numește Plutarh), care se afla între ele, putea transmite mesaje între ele și le putea ajuta în rezolvarea dificultăților și disputelor (circumstanță ce i-a atras numele de Mediator). Să ne amintim că în sistemul creștin, cele două împărății erau amplasate atât de aproape încât omul bogat și Lazăr sau omul bogat și Avraam puteau conversa în voie, cu toate că ar fi trebuit să fie nevoie de cele mai puternice strigăte pentru a se face auziți paste prăpastia mare care îi despărțea[75].

Hărțile astronomice antice servesc drept altă dovadă a faptului că Diavolul, Satan sau Șarpele cel vechi era la început egalul lui Dumnezeu și nu îi fuseseră acordate aspectele odioase care i se atribuie acum în lumea creștină. În baza hărților și manualelor de astronomie care sunt folosite în

---

[75] Luca XVI, 19-31.

şcolile noastre se poate stabili faptul că şarpele este reprezentat sub dublu aspect, cel de zeu bun şi cel de zeu rău. În prima ipostază, îl găsim reprezentat sub numele Hidra, care include trei constelaţii (constelaţiile Racului, Leului şi Fecioarei) şi reprezintă trei luni de vară (Iunie, Iulie, August). Găsim, apoi, o altă hartă astronomică a Şarpelui, care se referă la o altă parte a bolţii cereşti. Aceasta este numită Scorpionul şi reprezintă începutul iernii, cu temuta lună Octombrie, vestitoarea iernii celei rele, reci şi mohorâte. Aşadar şarpele era folosit pentru a reprezenta sau simboliza atât binele, cât şi răul, personificate în Dumnezeu şi Diavol. Prin urmare, înţelegem cu uşurinţă de ce Moise şi israeliţii, egiptenii şi hinduşii aveau atât un şarpe bun (încolăcit pe o prăjină[76]), cât şi unul rău (în Eden). O altă confirmare a faptului că marele Împărat al regiunilor pline de fum a fost considerat odată Dumnezeu este aceea că era considerat, în mai multe religii, un membru egal al Trinităţii. Cel de-al treilea membru al Trinităţii în India, Egipt, Persia şi Mexic era o personificare a răului, după cum aflăm din legendele lor antice. Cu toate că la început ocupau poziţii paralele în baza atributelor morale, o dată cu trecerea timpului şi cu dezvoltarea percepţiilor morale ale oamenilor s-a ajuns la delimitarea lor strictă. În imaginaţia oamenilor poziţiile celor doi Dumnezei deveneau tot mai îndepărtate şi ostile. În cele din urmă au ajuns la antipozi, în confruntare pe viaţă şi pe moarte din toate motivele posibile. Dar, cu toată această schimbare, Dumnezeul rău nu şi-a pierdut din putere. Deţine încă aproape toată puterea care îi fusese atribuită iniţial, cu

---

[76] V. pag. 37.

toate că i-a fost înlăturată jurisdicţia din lumea fizică şi imperiul său se găseşte acum în mintea oamenilor (nu între elementele naturii sau pe diferite planete, ca odinioară). Astfel a lucrat imaginaţia omului.

Capitolul al VII-lea
Originea termenilor *Împărăţia cerurilor*, *porţile iadului*, etc. De asemenea, despre tradiţia privind balaurul care urmăreşte femeia, femeia învăluită în soare, etc.

Doctrina creştină, aşa cum am afirmat mai devreme, a fost departe de a limita puterea Necuratului. Acestuia i-a fost acordă partea leului, a fost lăsat să câştige cea mai mare parte a omenirii. I-a fost permis să construiască o poartă largă în acest scop, pentru că „mulţi sunt cei ce intră pe ea"[77], în vreme ce au prevăzut doar o poartă extrem de îngustă pentru intrarea în cealaltă împărăţie, pentru că „puţini sunt cei ce o află"[78]. În acest mod Prinţului Întunericului i s-a permis să ducă în imperiul său subteran aproape toate sufletele pe care Dumnezeu le crease pentru propria glorie, fapt care a constituit o piedică în calea obiectivului principal al creaţiei. Observăm în baza autorităţilor citate că percepţia răului fizic sau natural a precedat percepţia şi recunoaşterea răului moral. Primele rele naturale care au fost recunoscute au fost acelea produse de violenţa elementelor naturale şi de schimbarea anotimpurilor. Iarna, cu-al său covor mohorât şi rece, cu pustiul său întins şi distrugerile pe care le provoacă, reprezenta pentru antici sursa cea mai bogată a răului (zeul iernii). Locuitorii principali ai pământului, după cum am pus în

---
[77] Matei VII, 13.
[78] Matei VII, 14.

vedere mai devreme și-au imaginat două puteri ostile, angajate într-un război perpetuu una împotriva celeilalte. I-a împins aici observarea faptului că în fiecare an, timp de șase luni, puterile naturii erau productive, dătătoare de viață, de frumusețe, etc., în vreme ce în timpul celorlalte șase luni, niște puteri aparent adverse stopau acele procese dezirabile și le distrugeau rezultatele. Cele șase luni de primăvară și vară erau însoțite aproape pe toată durata de strălucirea soarelui, de creșterea florilor, fructelor și legumelor, toate calculate să le alimenteze nevoile naturale. Se considera, prin urmare, că reprezintă adevărata împărăție, Împărăția cerurilor, în vreme ce lunile de iarnă erau numite *împărăția întunericului*.

Lunile de primăvară și vară erau numite și împărăția Soarelui, a zeului care locuia în Soare. Intrarea imaginară în împărăție, care se presupunea că se deschide când Soarele părăsește Tropicul Racului și se îndreptă către sud, era numită Poarta raiului. Mișcarea opusă, care se petrece către celălalt Tropic, reprezenta Poarta iadului. Începea cu Berbecul, semnul zodiacal al primăverii, care anunța sosirea soarelui glorios, a zeului Soare, care traversa porțile paradisului în carul său de foc la începutul primăverii. La sfârșit se găsea îngrozitorul Scorpion, balaur sau diavol, gata să înhațe orice lucru la care poate ajunge pentru a-l supune puterii sale și a-l trage în fântâna Adâncului. Toate acestea în timp ce agață cu coada o treime a stelelor și le trage în haul fără fund. Descoperim, prin urmare, că diavolul vine de sus, nu de jos, chiar dacă totuși coboară în Hades timp de șase luni. Simpla consultare a unor lucrări de astronomie va indica faptul că Berbecul este semnul zodiacal al lunii Martie, prima lună de primăvară. Iar Scorpionul (numit acum Vulturul) este semnul zodiacal al lunii Octombrie, prima lună de iarnă, dacă anul este împărţit în două anotimpuri de şase luni fiecare. Sfântul Ioan[79] vorbeşte despre puterea Balaurului de a răni cinci luni (şi, din punct de vedere astronomic, acesta chiar răneşte producţia plantelor în timpul celor cinci luni, cele mai productive ale anului). Monstrul Sfântului Ioan, cu ale sale şapte capete şi zece coarne, poate găsi explicaţie în astronomie sau în astrolatrie, dacă se presupune că ale sale şapte capete reprezintă şapte luni de vară (având în vedere că unele popoare împart astfel anul), iar coarnele, dublul celor cinci luni de iarnă. Este, acum, uşor de explicat episodul privind „balaurul, mâniat pe femeie, s-a dus să facă război cu rămăşiţa seminţei ei"[80]. Să ne întoarcem la manualele de astronomie. Observăm că Balaurul sau Scorpionul urmăreşte femeia, având în vedere că Scorpionul urmează după Fecioară. Dacă veţi privi cerul într-o noapte fără nori, veţi observa că imediat după ce fata cu copilul în braţe (fecioara cu copilul în braţe pentru persani) se ridică deasupra orizontului la est, se ridică şi Scorpionul. Acesta era numit şarpe de către persani, balaur în Fenicia, Draco de romani, denumirea dragonului (balaurului) în limba latină. Virgiliu îl numeşte „îngerul cel mai mare", "marele şarpe"[81]. Potrivit hărţilor astronomice, Dragonul urmează femeia (Fecioara) şi copilul său. Aşa s-a întâmplat timp de mii de ani, înainte de Cristos, până când astronomii moderni l-au prins, l-au aruncat în fântâna Adâncului şi l-au înlocuit cu Vulturul.

---

[79] Apocalipsa XII (K.G.).
[80] Apocalipsa XII, 17.
[81] Virgiliu, "Georgicele".

Este uşor de imaginat, în faţa unei hărţi astronomice, faptul că Dragonul sau Scorpionul (acelaşi lucru), semnul care urmează Fecioarei, o urmăreşte pe cer. Putem asocia femeia şi şarpele de aici cu scena din Eden, în care un şarpe ispiteşte o femeie (pe mama Eva) să muşte dintr-un măr cu noii săi incisivi şi molari (care nu mai fuseseră folosiţi până atunci). Având în vedere că găsim şi un om (pe Aquarius) între semnele zodiacului, poate fi vorba despre tata Adam. Este mai potrivit, ca să nu spunem mai onorabil, să ne închipuim că primii noştri părinţi au fost creaţi printre stele, nu într-o gaură cu noroi, după cum „Domnul a vorbit lui Moise şi a zis"[82]. Daniel vorbeşte de o mare încercare ce a implicat un berbec şi un ţap[83] şi pe amândoi îi găsim în zodiacul nostru, aparent (pentru imaginaţia noastră bogată) urmărindu-se prin ceruri. Imaginea extraordinară a Sfântului Ioan, "femeia învăluită în soare, cu luna sub picioare şi cu o cunună de douăsprezece stele pe cap"[84], este uşor de înţeles dacă este privită printr-un telescop astronomic. În comparaţie cu celelalte douăsprezece semne ale zodiacului, este mai potrivit să se spună că femeia fecioară astronomică este învăluită în soare, dacă ne gândim la situarea sa între semnele zodiacului şi la poziţia sa faţă de Soare. Stă exact în calea razelor soarelui de August, cea mai caldă lună a anului, ceea ce o face să fie mai învăluită în soare sclipitor decât orice alt semn al zodiacului. Bineînţeles, Luna este sub picioarele sale, iar cele douăsprezece luni ale anului sau douăsprezece semne ale zodiacului formează coroana sa cu douăsprezece stele. Şi, luaţi aminte, nu este vorba că

---

[82] Exodul VI, 10.
[83] Daniel VIII, 3-8.
[84] Apocalipsa XII, 1.

"treceți peste ceea ce «este scris»"[85], pentru că aceste lucruri sunt scrise în toate manualele școlare și în atlasele astronomice.

Momentul din luna Martie în care soarele traversează linia echinocțială reprezenta un eveniment important pentru unele popoare antice pentru că vestea binecuvântările primăverii și verii. Prin urmare, nu ne miră faptul că această traversare a devenit un moment sacru în aproape toate zonele pământului. Scenele care au loc pe cerul înstelat pe care le-am descris nu reprezintă născociri ale imaginației mele. Acestea sunt consemnate de istoria Persiei, Egiptului, Indiei, Romei și în cărțile lor sfinte. Să luăm, de exemplu, povestea „femeii urmărite de balaur"[86], șarpe sau diavol, etc. (același lucru potrivit Sfântului Ioan Divinul și mistagogul). Aceasta se găsește (în substanță) în multe povestiri mitologice, iar în Persia își găsea reprezentare în hărțile astronomice. Kircher, Selden, Eben, Manobius și Scalinger (Manil, notă, pag. 341) aduc dovezi că aceeași poveste era prezentată în lucrările de astronomie ale multor popoare.

Să ne amintim că Sfântul Ioan spune că femeia învăluită în soare era urmărită de un dragon (balaur) sau șarpe (ambii termeni sunt folosiți[87]), care intenționa să-i mănânce copilul și „a aruncat din gură apă, ca un râu, după ea, ca s-o ia râul"[88] în timp ce aceasta încerca să fugă pentru a-și salva copilul. În versiunea în limba greacă, Latona (care era gata să nască) a fugit pe o insulă pustie pentru a-și salva pruncul de Python,

---

[85] 1 Corinteni IV, 6.
[86] Apocalipsa XII, 3.
[87] Apocalipsa XII, 9.
[88] Apocalipsa XII, 15.

șarpele sau dragonul (balaurul). Potrivit lui Scalinger, persanii obișnuiau să reprezinte în hărțile astronomice fecioara cu pruncul în brațe, cu două spice de grâu în mână și cu aripile întinse, în timp ce fuge de cel care o urmărește. Pruncul acestei fecioare din legenda persană se născuse pe 25 Decembrie. Nu a trecut mult și persanii au început să sărbătorească în ziua respectivă nașterea lui Oxus Salvatorul, copilul fecioarei respective. Cel care o urmărea era Ahriman (zeul întunericului) la persani, Typhon la egipteni, Lucifer la greci, Python la romani, Obi la africani, Manitu la indienii din America de Nord, balaurul pentru Sfântul Ioan și șarpele sau dragonul la eschimoși. Capul acestuia începe să treacă de linia orizontului (Burritt, "Geografia Cerurilor") imediat după Fecioară. Versiunea egipteană completează scena ilustrând râul Orion care își revarsă apele imediat ce Fecioara trece de linia orizontului. Acesta este râul pe care l-a aruncat balaurul după femeie în versiunea Sfântului Ioan.

Toate aceste scene sunt reprezentate în „Geografia" lui Burritt, o carte folosită în școlile noastre. Plutarh ne spune că egiptenii reprezentau șerpii și dragonii cu culoarea roșie, ceea ce ne reamintește balaurul roșu al Sfântului Ioan. Theon ne spune că nici un alt semn zodiacal nu este învăluit în atâta fabulă ca semnul Fecioarei. Anticii (din Persia, India, etc.) alegeau fecioara pentru a reprezenta rodnicia pământului și după data de 25 Decembrie, când Soarele își începe ascensiunea spre primăvară, anotimpul abundenței, se spunea că dă naștere unui prunc. După cum se poate demonstra, versiunea păgână o precedă pe cea creștină și putem risca afirmația că Sfântul Ioan nu a fost autorul primei sale ediții.

Capitolul al VIII-lea
Iadul, întemeiat iniţial în ceruri. Originea şi coborârea sa din înalt.

Este adevărat, oricât de ciudat poate părea, că până şi iadul născocit de creştini se găsea printre stele (asemenea multor mituri şi mistere de-ale lor, cu sursă păgână). În general, aceştia situează iadul în locul opus, fără să considere faptul că omul bogat şi Lazăr ar fi putut conversa în timp ce unul se găsea în paradis, iar celălalt în Iad, doar dacă locurile respective ar fi fost adiacente sau situate cel puţin în apropiere unul faţă de celălalt. Acest lucru este valabil în egală măsură pentru situarea celor două locuri deasupra sau dedesubt. Cuvântul folosit de astronomi pentru indicarea punctului maxim al ascensiunii Soarelui este periheliu. Se poate observa că acest cuvânt conţine cuvântul „iad" (Hell), „peri-hel-ion". Ultima parte a acestui cuvânt, „Helion", era pronunţată „Elios" de către greci. Elios este sinonim cu Acheron, care este în general tradus iad. Avem, aşadar, "peri", care înseamnă de jur împrejur şi „helion", „iad" (Hell), adică împrejurul iadului. Nu trebuie să ne pară ciudat, prin urmare, faptul iadul este un loc foarte fierbinte. Sfătuiesc cititorul să nu se alarmeze dacă-l vom găsi pe acest personaj apărut alături de Moise cu ocazia „Schimbării la faţă"[89] a lui Cristos, pe dragul de Elias (Ilie), în iad (Hell). Realitatea este că Elias (grecii au forma aspirată care pierde H-ul) este sinonim (după

---

[89] Matei XVII.

cum am afirmat) cu Acheron-ul grecilor, care este tradus „iad". Prin urmare Elias înseamnă iad, sau chiar focul-iadului, ceea ce ar explica strălucirea feței sale cu ocazia Schimbării la față.

    Este mai ușor de demonstrat că Soarele este originea Hades-ului sau Ades-ului (pentru că alfabetul grec nu are litera H). După cum este bine știut, Ades apare frecvent în Noul Testament în limba greacă și indică iadul. Dacă analizăm cuvântul Ades, observăm că este compus din Ad, un nume al lui Dumnezeu sau al zeului-Soare și es, foc. Prin urmare înseamnă zeul-focului, focul-Soarelui. Unele popoare antice (grecii, de exemplu) considerau că paradisul și iadul erau învecinate, fiind despărțite doar de un hău de netrecut și că ambele erau localizate în Soare (cu toate că, în general, doar cel dintâi era situat acolo).

Capitolul al IX-lea
Originea tradiţiei fântânii Adâncului.

Originea fântânii Adâncului este total diferită faţă de cea a Hades-ului sau a iadului. S-a considerat că ar fi situată undeva dincolo de Polul Sud. Acest lucru s-a ivit din convingerea anticilor că iernile devastatoare veneau din zona respectivă. Aceasta era, prin urmare, reşedinţa zeului cel rău care producea iernile (cunoscut drept „zeul iernii"). Împrejurarea care a facilitat sau care a care a contribui la împământenirea acestei superstiţii a fost aceea că locul respectiv ieşea din sfera vizuală a omului. Având în vedere că părea situată dedesubt, iar ei nu-şi puteau imagina că are fund, au numit-o fântânii Adâncului (fără fund). Se presupunea că iarna vine de la Sud pentru că observaseră că se abate asupra lor o dată cu deplasarea Soarelui către Sud şi şi-au imaginat că acest lucru are legătură cu venirea iernii. Faptul că Soarele cobora sub linia orizontului în regiunile Arctice combinat cu întunericul care urma i-a făcut să presupună că acesta murea, pentru a renaşte sau a învia din morţi o dată cu venirea primăverii sau cu ridicarea sa deasupra orizontului. Când se apropia de porţile primăverii, Mielul lui Dumnezeu sau mielul de Martie „ridica păcatul lumii"[90]. S-a realizat astfel, astronomic, nu doar acţiunea Mielului lui Dumnezeu care ridica păcatul lumii, dar şi moartea şi renaşterea Fiului lui Dumnezeu, mai exact a zeului-Soare. În vreme ce Polul Sud reprezenta marea fântână

---

[90] Ioan I, 29.

a Adâncului, reşedinţa demonilor, Polul Nord era considerat reşedinţa zeului bun şi era numit Muntele Domnului (şi aproape fiecare popor avea propriul Munte al Domnului sau Munte Sfânt).

Capitolul al X-lea
Originea credinţei în iazul care arde cu foc şi cu pucioasă.

Aşa cum am arătat mai devreme, popoarele orientale îşi situau la început demonii sus, în cerul înstelat. Este interesant de observat că o dată cu trecerea timpului aceştia au fost transferaţi pe pământ şi în cele din urmă în lumea subterană. Acest lucru s-a întâmplat cu mult înaintea începuturilor erei creştine. Potrivit mitologiei egiptene, marele balaur, şarpe sau diavol, Python sau Typhon a fost învins de arhanghelul lui Apollo şi a fost aruncat din Rai, ceea ce a făcut din acesta un înger căzut în lacul Sibon sau Sirbonis situat la poalele muntelui Casius. Acest lac a fost ales ca loc de exil al marele inamic al rasei umane pentru că devenise o obsesie pentru imaginaţiile cele mai sălbatice şi un punct focal al ideilor celor mai odioase apărute vreodată în creierele persoanelor superstiţioase. Începuse, prin urmare, să fie detestat în mod universal. În lumina acestor elemente, să observăm că atunci când Nilul ieşea din matcă (o dată la şase luni) şi inunda terenul pe suprafeţe întinse, ajungea până la lacul Sirbonis şi îl acoperea cu apele sale putrede. Atunci când apele Nilului începeau să se retragă, lăsau în lacul respectiv mari cantităţi de aluviuni, vegetaţie putredă şi diferite alte substanţe respingătoare. Pe apele sale stătătoare rămânea o spumă care semăna foarte tare la gust, culoare şi miros cu pucioasa sau sulful. Unii scriitori o consideră o veritabilă soluţie de pucioasă. Călătorii şi istoricii ne spun că atunci când soarele strălucea pe oglinda lacului, substanţa plutitoare părea cuprinsă de flăcări, de unde şi denumirea de „iaz care arde cu foc şi cu pucioasă"[91]. Aburii, gazele, vaporii sau miasma care erau ridicate de bătaia soarelui din acumulările de mâl de la malurile lacului, formau fumul imaginar al locului imaginar al chinurilor veşnice. Locul chinurilor veşnice a fost încă din vremuri imemoriale sursa fricii şi închipuirilor oamenilor ignoranţi, creduli şi superstiţioşi. În prezent este ceea ce îi face pe creştinii pioşi să „ducă până la capăt mântuirea lor, cu frică şi cutremur"[92]. Din moment ce lacul avea parte de climă caldă, constituia un habitat pentru tot felul de monştri acvatici sau amfibii şi insecte dăunătoare. Imaginaţia şi credulitatea unei epoci a fricii superstiţioase au transformat cu uşurinţă toate acestea în copii ai întunericului, duhuri rele şi spiriduşi înfricoşători. Sunetele înfiorătoare produse neîncetat de numeroşii locuitori ai apelor odioase, completate de fenomene vizuale şi lumini nocturne specifice climelor calde şi umede, au întregit tabloul imaginar al locuinţei Diavolului şi iadului. Având în vedere că inundaţiile produceau adesea multe distrugeri, omorând vite şi alte animale domestice, distrugând locuinţe, etc., a fost foarte uşor pentru minţile superstiţioase şi copilăreşti de acum 3500 de ani să creadă că aceste lucruri îngrozitoare erau produse de marele duşman al fericirii umane, de Typhon cel imaginar. Mai cu seamă având în vedere axioma indiscutabilă că Apollo cel just, zeul cerurilor era prea bun pentru a avea ceva de-a face cu aceste lucruri. Putem adăuga că se povestea frecvent că unele fiinţe umane care locuiau în apropierea lacului dispăreau din când în când

---

[91] Apocalipsa XXI, 8.
[92] Filipeni II, 12.

în ghearele lui Typhon. Acest șarpe gigantic cu capete de hidră le ducea în locuri necunoscute, în baza scopurilor și planurilor sale infernale. Mirosul de pucioasă care rămânea în urmă nu lăsa nici un dubiu în privința sorții groaznice a respectivelor victime umane lipsite de noroc. Această tradiție evocă povestea unui locuitor al Hiberniei[93], care a spus (cu ocazia unei vizite în America când a auzit vorbindu-se despre funeraliile unui preot): "în țara noastră nu pierdem timpul cu funeraliile preoților și hoților de buzunare". "Și ce faceți cu ei când mor?", a întrebat cineva. "Ei bine, după ce mor, le punem trupurile într-o cameră deschisă. Acestea dispar până dimineața următoare, iar în camera respectivă mai rămân doar niște urme de pași diabolici și un miros puternic de pucioasă. Și asta încheie povestea."

Am dezvăluit în cadrul scurtei istorii satanice de mai sus originea tradiției iazului care arde cu foc și cu pucioasă și a suveranului său imaginar, tradiție care datează de aproape 4000 de ani. Inițial era vorba doar despre lacul Sibornis și despre conducătorul său, Typhon, cel cu coada lungă și două capete. "Cine are urechi de auzit să audă"[94] și să nu mai tremure de frică atunci când simte miros de pucioasă. Tradiția privind „viermele care nu moare niciodată"[95] își are și ea originea în Egipt. Totul a început când o specie de viermi, pe care tradiția o consideră mâncătoare de foc, a infestat țara. Se considera că nu mor niciodată pur și simplu (așa cum au dovedit studiile) pentru că intrau în pământ înainte de a muri. Prin urmare, se presupunea că erau nemuritori doar pentru că

---
[93] Denumirea Irlandei în limba latină.
[94] Matei XI, 15; XIII, 9; Marcu IV, 9.
[95] Marcu IX, 44 (K.G.).

nu mai erau văzuţi. Fuseseră găsiţi în vecinătatea lacului de foc şi se presupunea că sunt agenţii Maiestăţii sale Satanice, Typhon cel cu coarne şi copite de fier.

Capitolul al XI-lea
Unde este Iadul. Tradiţii antice privind natura şi localizarea sa.

Sfântul Ioan ne spune că a văzut „cetatea sfântă, Noul Ierusalim, care se cobora din cer, de la Dumnezeu"[96]. După cum am arătat mai devreme în această lucrare, iadul coborâse tot din înalt şi, având în vedere că reprezintă o aşezare mult mai veche decât Noul Ierusalim, propunem să fie numit Vechiul Ierusalim. I-am urmărit coborârea pe pământ. Ne vom îndrepta atenţia către locul în care este situat în prezent, către lumea subterană unde a fost mutat în urmă cu câteva mii de ani. Noţiunile anticilor în privinţa situării iadului sau locului de depozitare a sufletelor celor răi după moarte, erau extrem de variate. Unii îşi imaginau că s-ar fi găsit în Soare, alţii îl situau pe Lună, iar alţii îşi imaginau că flăcările sale de nepotolit făceau ravagii în adâncul pământului. Până la urmă opinia predominantă a fost că se găseşte undeva sub pământ. Dl Higgins observă următorul lucru relativ la tradiţia anticilor cu privire la situarea sa: "emisfera de sud, care este ascunsă de întuneric în timpul iernii şi care are mereu parte de mult întuneric, boală şi moarte, a fost situată de puterea imaţinaţiei sub controlul răului şi a devenit reşedinţa demonilor, diavolilor, etc., a devenit iadul. Emisfera de nord era considerată reşedinţa fiinţelor celeste, zeilor, îngerilor etc..". Opiniile în privinţa naturii iadului erau la fel de variate.

---

[96] Apocalipsa XXI, 10 (K.G.).

Dl Higgins ne arată că mulți îl considerau un loc al întunericului total și foarte rece. Probabil pe atunci nu fusese încă aprins. Celții antici numeau iadul, Ilfin, climă rece, fapt care arată că îl considerau un tărâm rece. Galii antici, bretonii, goții și germanii considerau iadul un loc al întunecimii cumplite, plin de reptile veninoase, animale sălbatice și spirite rele. Astrologii egipteni spuneau că iadul este o fântână a Adâncului fără fund, în care damnații stau prinși în cârlige, dar multe alte persoane din aceeași zonă considerau că este un iaz care arde cu foc și cu pucioasă. Budiștii antici și mexicanii credeau într-un iad al focului de ne oprit, pregătit pentru diavol și îngerii lui. Putem observa că locuitorii zonelor reci considerau că iadul este un loc fierbinte, un loc arzător a cărui căldură topește tot. Pe de altă parte, locuitorii zonelor cu climat cald, considerau că închisoarea celor răi era rece asemenea unui munte de gheață. Așa că toți care erau prinși și târâți în împărăția lui Pluto de Aghiuță aveau parte de-o schimbare climatică.

Capitolul al XII-lea
Gândurile rele ale omului, inspirate de Diavol. Originea acestei idei. Influența satanică limitată la fenomenele lumii exterioare.

Dorim să atragem atenția asupra unui element istoric important. Ideile privind diavolul și iadul existau cu mult înaintea credinței că acestea ar avea legătură cu o eventuală pedeapsă din viața viitoare. Imaginația oamenilor le stabilise existența în lume, în mijlocul elementelor fizice, cu mult înaintea transformării Diavolului în agent punitiv și a iadului în loc de aplicare a pedepselor. Avem informații din surse credibile că maniheiștii au considerat mult timp iadul reședința fericită a celor drepți.

Primele concepții în privința răului și a ființelor răuvoitoare limitau sfera acestora de acțiune la lumea fizică, la furtunile violente și la elementele distructive, la toate evenimentele nefavorabile care aveau loc în natură. O epocă a superstiției atribuie de la sine aceste lucruri unor ființe imaginare, ignorând total cauzele naturale. Nimeni nu considera, însă, că locuitorii răuvoitori ai lumii răului aveau ceva de-a face cu gândurile sau faptele oamenilor, nici măcar în cazurile extreme. Motivul este acela că ideile morale ale omului nu erau suficient de dezvoltate în perioada respectivă pentru a observa vreo diferență între faptele bune și cele rele. Natura faptelor imorale și efectele acestora nu fuseseră încă descoperite. Toate îi erau atribuite lui Dumnezeu, după cum se observă în Biblia ebraică. Înţelegerea diferenţei dintre virtute şi viciu era prea scăzută (în măsura în care exista) pentru a suscita ideea că faptele sau comportamentul unui om ar fi suficient de rele pentru a determina pedepsirea respectivului după părăsirea acestei lumi. Preoţii nu aveau suficientă influenţă asupra oamenilor pentru a-i face să inventeze un iad pentru pedepsirea delincvenţilor din rândul celor care închiriau strane sau nu plăteau zeciuiala (pentru că de aici s-a pornit).

Pe măsură ce conceptele morale ale omului s-au dezvoltat, s-a ajuns la convingerea că unele fapte erau bune, iar altele erau rele în aşa măsură, încât necesitau o sursă diferită. Omul a început să diferenţieze faptele şi să caute explicaţii pentru fiecare tip în parte. Având în vedere că raiul din ceruri şi marele abis imaginar de sub pământ erau deja populate cu fiinţe imaginare cu caracteristici opuse, a fost uşor să se înceapă asocierea faptelor omului cu acestea. S-a stabilit că toate faptele bune erau inspirate de fiinţele bune sau de zeul cel bun sau Fiinţa Supremă, iar toate faptele rele şi imorale, de zeul cel rău, autorul-şef al răului. La început aceştia aveau formă umană şi erau detaşaţi de lumea spirituală. Se considera că Diavolul poate influenţa faptele omului doar dacă se găseşte în sau lângă acesta. Pe atunci nu era omniprezent, cum este în prezent. Nu era investit cu puterea de a ispiti în acelaşi timp milioane de persoane risipite pe tot globul, la distanţe incomensurabile unele faţă de celelalte. Hindişii, budiştii, locuitorii Birmaniei şi unii chinezi considerau că fiinţele rele denumite demoni sau diavoli intrau cu totul (coarne şi copite incluse) în minţile oamenilor şi începeau să inspire gânduri şi fapte rele. Cea mai mare parte a educatorilor religioşi din şcolile orientale învăţau oamenii că Satan, bătrânul împărat avea un alai de diavoli subordonaţi. Aceştia erau agenţii săi şi lucrau neîncetat la ispitirea sufletelor şi la ducerea acestora pe drumul pierzaniei. Veche de mai bine de 3000 de ani, Biblia hindusă (Shastra) spune că semi-diavolii (sau Devi, cărora le lipseşte o silabă, Devs – Devil, pentru a fi diavolul creştinilor) erau sub controlul Diavolului-şef şi intrau în minţile oamenilor la comanda acestuia. Puteau, însă, fi goniţi de acolo prin exorcism şi rugăciunile preoţilor, mai cu seamă dacă buzunarele pacienţilor erau ticsite cu „câştig mârşav"[97]. Câştigul mârşav pare să fie un talisman puternic, care ajută la îndepărtarea intruşilor diabolici din lăuntrul omului şi îi ţine la o distanţă respectabilă.

Conceptele orientale prezentate mai sus par să fie recunoscute şi acceptate pe deplin de Cristos şi Apostolii Săi, drept parte a planului de mântuire. Cristos este reprezentat de mai mult de nouă ori „scoţând draci"[98] şi de mai multe ori purtând o conversaţie obişnuită cu ei. O dată a izgonit chiar şapte[99] în acelaşi timp dintr-o doamnă creştină respectabilă, care, de la sine înţeles, era prea nobilă pentru a petrece cu elemente de aşa joasă speţă.

---

[97] 1 Petru V, 2; 1 Timotei III, 3.
[98] Luca XI, 14, 20; IV, 35, 41; Matei IV, 10; VIII, 16, 31; IX, 33; Marcu I, 34, 39, etc..
[99] Luca VIII, 2.

Capitolul al XIII-lea
De unde a fost importat sau împrumutat Diavolul creştinilor.

Am afirmat într-unul din capitolele anterioare că evreii antici nu cunoşteau doctrina pedepsei viitoare fără sfârşit. Aveau să o cunoască doar după perioada exilului în Babilon, moment din care începe să apară în scrierile lor. Primele urme ale acesteia se găsesc la profeţii minori sau târzii, care sunt numiţi acum *apocrifi*, precum şi în Talmud (Mişna), scris cu câteva secole înaintea erei creştine. Acestea sunt cel mai probabil sursele la care au apelat fondatorii religiei creştine pentru dezvoltarea doctrinelor şi tradiţiilor legate de acest subiect. Cu toate acestea, considerăm doctrinele primitive care privesc perioada de după moarte din Noul Testament, un amestec al tradiţiilor babiloniene, caldeene, egiptene şi siriene legate de acest subiect. Toate aceste doctrine sunt în concordanţă cu mai-vechea dogmă budistă a premiilor şi pedepselor postume. Diavolul egiptean era un monstru gigantic, dotat cu coarne, copite şi o coadă formidabilă, nespus de lungă, care-i servea, probabil, drept cârmă când efectua incursiuni ameţitoare printre fii şi fiicele oamenilor. Se pare totuşi că renunţa la ea în favoarea unei perechi de pantaloni, care îi permiteau să se alăture unei companii selecte pentru un picnic acasă la Iov, în Caldeea. Ne ajung frecvent la urechi exemple de coborâri de la sublim la ridicol. Avem, însă, un caz de ascensiune de la ridicol la sublim, în povestea care prezintă noua prietenie la cataramă dintre

Satan și fiii Domnului, care călătoreau în vederea realizării unei tranzacții importante cu robul Domnului, Iov. Trebuie să se fi simțit extrem de onorat de o asemenea favoare făcută maiestății sale.

Am afirmat că fondatorii religiei creștine și-au obținut modelul de diavol de la babilonieni în perioada sclaviei lor acolo. Am face bine să remarcăm și următorul lucru: creștinii i-au acordat maiestății sale cu coada lungă unele caracteristici ale diavolului egiptean. În lucrările creștine timpurii, diavolul este reprezentat cu coarne, copite și cu o coadă nestăpânită.

În încheiere, drept răspuns explicit la întrebarea „De unde și-a procurat lumea creștină diavolul?", vom prezenta un citat din lucrarea unui scriitor competent în această materie: "Egiptenii antici aveau un diavol, numit Typhon, care a fost introdus ulterior în mitologia grecilor, în calitate de autor al răului. Evreii de mai târziu, care au devenit discipolii lui Cristos și fondatorii sistemului creștin, au admirat ideea unui diavol teribil de urât (având în vedere coarnele, copitele și coada) și au alăturat aceste elemente fizice monstruoase ideii de diavol pe care o căpătaseră în Babilon. I-au dat în același timp caracterul viclean și feroce al lui Belzebut, diavolul din Siria".

Capitolul al XIV-lea
Elementele pedepsei post-mortem din Noul Testament au origine orientală.

Vom arăta în continuare că persoanele care au scris Noul Testament s-au inspirat de la păgânii antici şi au adoptat în formă modificată toate tipurile de pedeapsă post-mortem fără sfârşit prevăzute de aceştia. În realitate, toate ideile şi doctrinele care privesc diavolul şi iadul încorporate în planul de mântuire din Scripturile creştine se găsesc şi în mitologiile păgâne care preced cu mult timp apariţia religiei creştine.

Biblia creştinilor vorbeşte despre: un iad al întunericului[100]; un iad al luminii[101] (cel puţin unul de foc, ce trebuie să emită lumină); un iad în care este distrus atât corpul, cât şi sufletul[102]; un iad în care sufletul are parte de pedeapsă veşnică[103]; un iad limitat[104]; un iad fără sfârşit; un iad de mai sus şi un iad de mai jos[105]; un iad sau iaz de foc şi pucioasă[106]; un iad, fântână a Adâncului[107]; cheia şi lanţurile iadului[108]; doar de lanţurile iadului[109]; porţile iadului[110]; etc..

---

[100] 2 Petru II, 4; Iuda I, 13.
[101] Matei V, 22. (K.G.).
[102] Matei X, 28. (K.G.).
[103] Matei XXV, 46. (K.G.).
[104] Apocalipsa XX, 13 (K.G.).
[105] Psalmii LXXXVI, 13. (K.G.).
[106] Apocalipsa XX, 10.
[107] Apocalipsa IX, 1. (K.G.).
[108] Apocalipsa XX, 1. (K.G.).
[109] 2 Petru II, 4. (K.G.).

O examinare a mitologiei va arăta că aceste concepții au origine păgână, alături de diverse alte noțiuni și mituri din Scripturi care au legătură cu Diavolul și Iadul. Câteva exemple: faptul că Diavolul este autorul răului; că ispitește și distruge sau pedepsește oamenii; că se instalează în mintea sau sufletul omului, alături de suita sa de diavoli de clasa a doua; că sunt izgoniți din templul interior al omului de mântuitori și sfinți; că își schimbă reședința, trecând din sufletele oamenilor, în sufletele sau stomacurile porcilor sau altor animale; de asemenea, diferitele metamorfoze ale Diavolului-șef, care apare ca șarpe, leu, balaur și, câteodată, înger de lumină; etc., etc..

A fost arătată deja originea păgână a unora dintre aceste concepte. Originea celorlalte va fi indicată atunci când vom analiza doctrinele și miturile păgâne care privesc pedeapsa nesfârșită, prin comparație cu acelea care se găsesc în Scripturile creștine.

Reverendul Pitrat ne spune în opera „Originea păgână a doctrinei mântuirii doar a celor aleși" (pag. 177): "Păgânii credeau că iadul lor are două zone principale (un iad de sus și unul de jos). Într-unul avea loc ispășirea păcatelor celor răi de nivel comun. Aceștia erau ținuți acolo și torturați până când își ispășeau pedepsele, după care erau admiși în Elisium (Rai). Celălalt era situat în adâncul adâncului, era imund și întunecat și era rezervat celor mai mari criminali care nu aveau nicio speranță, ardeau și erau torturați veșnic".

Reverendul adaugă (pag. 211): "Potrivit lui Platon (400 î.Hr.), morții care se făceau vinovați de crime, sacrilegii și alte

---

[110] Matei XVI, 18.

delicte grave, erau torturați veșnic în Tartar (iad). Cei care nu comiseseră delicte grave, urmau să fie ținuți acolo timp de un an de zile".

În paragrafele prezentate regăsim doctrina din Biblia creștină privind iadul de sus, iadul de jos, purgatoriul, iadul nesfârșit, iadul arzător, etc..

Reverendul continuă (pag. 175): "Păgânii credeau că iadul lor are o poartă, care (în mitologia romană) este păzită zi și noapte de teribilul Tisifon. Credeau că Lucifer deține cheile porții respective". (pag. 178) „Păgânii credeau că în iadul lor domnește întunericul cel mai adânc". Acesta este și iadul creștinilor, "întunericul de afară"[111].

Referindu-se la Tartar, reverendul spune (pag 178): "Acolo se aude neîncetat zăngănitul lanțurilor trase de prizonierii abjecți, se aud gemetele lor și plesniturile bicelor care le sfâșie carnea".

Acestea sunt lanțurile despre care se vorbește în „2 Petru II, 4". Vedele hinduse (scrise înainte de timpul lui Moise, potrivit dlui Dow) ne spun că: "Yama (judecătorul sau „judecătorul viilor și morților"[112]) predă spiritelor rele sufletele tremurânde ale celor răi pentru a fi sfârtecate de demoni, mâncate de viermi de foc sau aruncate în abisul în flăcări". Aici ne este prezentată fântâna Adâncului în care viermele lor nu moare și focul nu se stinge.

Am putea continua această prezentare în paralel căci material există. Ar ocupa, însă, o carte întreagă o astfel de prezentare a istoriilor și o descriere a numeroaselor doctrine, idei, mituri ale păgânilor antici în privința pedepsirii celor răi

---

[111] Matei XXII, 13.
[112] Faptele Apostolilor X, 42; 1 Petru IV, 5; 2 Timotei IV, 1.

post-mortem în iad, Hades, Tartar, Infern, Gheenă, Tofet, Şeol sau în Abisul în flăcări, combinată cu diversele operaţii şi maşinaţii ale diavolilor, demonilor, balaurilor, şerpilor, satanelor, Furiilor, spiritelor sau geniilor rele. Toate acestea erau în vogă acum mii şi mii de ani, când cele mai adânci, întunecate şi groaznice superstiţii învăluiau mintea umană. O parte considerabilă a acestora a fost copiată în Scripturile creştine.

Vom încheia această parte cu prezentarea a două fragmente care provin de la doi poeţi diferiţi, unul păgân şi altul creştin. Este lesne de observat asemănarea ideilor în privinţa lumii subterane.

Iată ce are de spus Virgiliu, 50 î.Hr.:

"La gura cea temută a Iadului, o mie de monştri aşteaptă,
Plânsete îndurerate, urlete răzbunătoare în aceeaşi poartă.
Demoni cumpliţi o apără,
Cu durere, moarte şi somn, al morţii vitreg-frate.
Aici, în paturi de fier întinse, Furiile urlă,
Iar în apropiere şuierătoarea Hidră şi
Hecatonchirii stau, iar de jur-împrejur,
Ţipă harpii feroce şi scorpii groaznice;
Pe aici se rostogoleşte valul de foc al Iadului,
Şi printre stânci tunătoare, torentele de foc tot cresc."

Să observăm, în continuare, abilitatea cu care Pollock, un scriitor creştin şi-a însuşit lecţiile şcolii păgâne a ideilor infernale şi acordul strâns dintre teoria creştină în privinţa Iadului şi aceea a păgânilor antici.

„Jos am văzut un lac de foc clocotitor,
Agitat de valuri furtunoase de mânie neagră,
Țipete sălbatice și tânguieli cumplite,
Larma îngrozitorului cor de vaiete de prunci este sporită.
Furia-i aici în robă însângerată,
Zi și noapte ale Iadului porți ca să păzească.
Aici gemete oribile începi a auzi,
Iar în urechi îți saltă șfichiuit de bici.
Din toate părțile lanțurile damnaților scrâșnesc,
Și cu zăngănitul perpetuu blestemele lor se-amestecă."

Lăsăm cititorul să compare avântul literar al bardului păgân cu al celui creștin, de după două mii de ani și să decidă singur care este mai păgân.

Principiul care afirmă asemănarea izbitoare dintre teoria pedepsei post-mortem a popoarelor păgâne și cea a celor care se îndrumă după Biblia creștină, scrisă mai târziu, este susținut chiar și de scriitorii creștini. Vom prezenta un exemplu în acest sens.

Bine-cunoscutul preot englez, dl McKnight, spune, când se referă la parabola lui Cristos cu omul bogat și Lazăr: "Trebuie să recunoaștem faptul că descrierile furnizate de Domnul nostru nu se bazează pe scrierile din Vechiul Testament. Acestea prezintă o asemănare remarcabilă cu descrierile realizate de poeții greci. Aceștia, la fel ca Domnul nostru, situează reședința celor binecuvântați în vecinătatea tărâmului damnaților, cele două fiind despărțite de un râu sau de un hău de netrecut, care permite totuși spiritelor să comunice între ele de pe malurile respective. Parabola spune că sufletele celor răi sunt chinuite în flăcări. Mitologii greci ne spun că sufletele respective se găsesc în «Piriphlegethon»[113], râul de foc, unde le sunt aplicate pedepsele".

Cine are urechi de auzit să audă, cum ne confirmă teza un preot creştin: Iadul creştinilor este o reproducere a mitologiei păgânilor.

---

[113] În mitologia greacă Infernul este separat de lumea viilor de şase râuri: Acheron, râul tristeţii; Cocytus, râul plângerii; Piriphlegethon, râul de foc; Lethe, râul uitării; Mnemosynne, râul memoriei; Styx, râul urii.

Capitolul al XV-lea
Dovada faptului că dogma pedepsei post-mortem are origini orientale şi că a fost inventată de preoţi.

Conceperea pedepsei viitoare sau ideea folosirii acesteia pentru a influenţa acţiunile şi comportamentul oamenilor pare să le fi fost sugerată preoţilor din Egiptul antic de modul în care poporul respectiv obişnuia să-şi îngroape a morţii. Aflăm că un cimitir care aparţinea unui oraş de seamă al Egiptului era situat la o distanţă considerabilă de oraşul respectiv şi pentru a se ajunge la el trebuia traversat râul Styx. În vederea traversării, trebuia plătită o taxă luntraşului (Charon). De multe ori se întâmpla ca rudele defunctului să fie prea sărace pentru a putea plăti. Dacă taxa respectivă nu era plătită trupul neînsufleţit era aruncat într-un şanţ şi lăsat în grija câinilor sau era aruncat în râul Acheron, care înseamnă „iad" (cel puţin aşa interpretează şi traduc acest nume scriitorii creştini). Astfel râul primea trupurile celor care erau excluşi în baza viciilor (aşa era învăţată să creadă mulţimea) de la slujbele obişnuite ale preoţilor şi de la bunăstarea paradisului sau bunăvoinţa conducătorului suprem, Jupiter. În vreme ce persoanele virtuoase, dacă se întâmpla să fie sărace, erau onorate cu funeralii decente pe cheltuială publică. Oameni numiţi Episcopes erau aleşi pentru a hotărî dacă viaţa defunctului fusese suficient de virtuoasă pentru a merita o înmormântare onorabilă. Această denumire vine din limba greacă, de la epi (peste) şi skopeo (a vedea sau a privi) şi înseamnă literalmente a vedea peste, a supraveghea. Aceasta este originea termenului sacerdotal episcopat, folosit acum de metodişti şi de alte Biserici. Pentru ordinul de preoţi nou-instituit au fost ridicate turnuri şi edificii, cunoscute acum drept temple şi biserici. Aşa cum am spus, aceşti episcopi sau preoţi primiseră prerogativele pentru a decide cine merita o înmormântare decentă. Decizia era luată în baza comparării conduitei defunctului în timpul vieţii cu un standard pe care preoţii îl instituiseră. După ce au observat că această diferenţiere pe bază morală în alegerea candidaţilor la o înmormântare decentă influenţa puternic comportamentul oamenilor, le-a venit ideea să ducă totul mai departe. Au promis mulţimii credule, pe lângă înmormântări onorabile, fericire veşnică pe lumea de apoi (ca recompensă pentru faptele bune), dincolo de râul Styx. Acest râu a devenit astfel drumul special sau „calea îngustă"[114] către paradisul de dincolo de mormânt. Cimitirul prin care treceau şi în care le erau depozitate trupurile era denumit Câmpiile Elizee şi era considerat un loc fericit care urma să fie ocupat în mod tranzitoriu înaintea accesului în reşedinţa fericirii superlative. Iar Tartarul, care se găsea dincolo de râul Acheron, reprezenta închisoarea celor răi sau a celor care nu îndepliniseră cu stricteţe cerinţele preoţilor. Intrarea în această închisoare post-mortem era păzită de dulăul monstruos Cerebus (dotat cu o sută de capete). Preoţii ameninţau mulţimea ignorantă, credulă şi superstiţioasă cu azvârlirea în Tartar. Aceasta reprezenta pedeapsa pentru orice delict sau neobservare a

---

[114] Matei VII, 14.

datoriei de care oamenii s-ar fi făcut vinovaţi, dar nu constituia o pedeapsă eternă pentru că pedeapsa eternă nu fusese inventată încă. Urmau doar să fie ţinuţi în acestă închisoare subterană, în flăcări, pentru o perioadă proporţională cu crimele de care se făceau vinovaţi. Aşa s-a născut dogma pedepsei viitoare. Din aceasta s-a dezvoltat dogma „pedepsei veşnice"[115]. Preoţii măreau durata pedepsei din când în când, atunci când cauza lor necesita acest lucru, pentru ca în cele din urmă aceasta să atingă eternitatea şi vinovatului să i se spună că va trebui să se zbată într-o mare de foc pentru toată vremea viitoare.

O analiză a istoriei sacre antice sau orientale relevă un element important. Aprehensiunea naturală sau suspiciunea a făcut încă de mult minţile filosofice să investigheze natura ocupaţiei preoţilor (un eufemism pentru obscurantismul clerical) şi să stabilească faptul că doctrina pedepsei eterne reprezintă doar urzeala respectivilor. Istoria mitologică este bogată în exemple privind faptul că schema tradiţională a pedepsirii fiinţelor umane sau sufletelor umane pe lumea cealaltă în baza faptelor din aceasta a fost inventată de preoţime ca mijloc auxiliar de promovare a intereselor breslei lor. Potrivit scriitorilor greci, agenţii puterii laice sau administratorii legii s-au aliat cu preoţii şi au adoptat şi ei sistemul pentru un mai bun control şi o mai bună supunere a plebei.

Pe scurt, preoţii şi politicienii s-au coalizat şi au inventat Diavolul şi reşedinţa acestuia, gogoriţe care sperie masele ignorante şi superstiţioase, făcându-le să se supună

---

[115] 2 Tesalonicieni I, 9.

tribunalelor ecleziastice sau conducerii. Dovada acestei poziţii vine din antichitate. Avem mărturii din Egipt, India şi Grecia care ne vin de foarte demult. Primul pe care îl cităm este Strabon, geograful Greciei. Acesta ne spune: "Platon (un preot grec) şi brahmanii au inventat fabulele privind pedepsele viitoare din iad". Strabon pare să justifice această invenţie pentru că adaugă: "Mulţimea este înfrânată de la vicii de pedepsele pe care se spune că zeii le aplică vinovaţilor şi de teroarea imprimată minţilor de cuvinte groaznice şi forme monstruoase... Legiuitorii folosesc aceste elemente ca sperietori pentru înfricoşarea mulţimii ignorante. Aceasta nu poate fi condusă de raţionamente filosofice. Nu este condusă de pietate, sfinţenie şi virtute, ci de superstiţie sau teama de zei. Femeile şi mulţimea sunt imposibil de condus, nu li se poate insufla sfinţenie, pioşenie şi cinste prin precepte filosofice şi forţa raţiunii. Torţele aprinse, şerpii Furiilor, suliţele zeilor şi toată mitologia antică sunt născociri folosite ca sperietori pentru a înfricoşa pe cei creduli şi simpli.".

Dl. Robinson spune (în cartea sa „Istoria Indiei") că aceste idei, care au fost adoptate ulterior şi în Europa, sunt aceleaşi pe care brahmanii antici le adoptaseră şi introduseră în India pentru conducerea marii mase a populaţiei.

Polybius[116] remarcă, pe aceeaşi linie: "Având în vedere că mulţimea este mereu schimbătoare, plină de dorinţe nepermise, pasiuni iraţionale şi violenţă, nu există nicio altă cale de a o ţine la respect în afara fricii de lumea invizibilă. În acest scop, consider că înaintaşii noştri au dovedit mare înţelepciune când au inventat şi introdus în rândul maselor

---

[116] Polybius (circa 203 î.Hr – 120 î.Hr.) a fost un istoric grec.

ideile de zei şi de infern. Iadul este lipsit de valoare pentru înţelepţi, dar este o necesitate pentru gloata oarbă şi sălbatică".

Secretul a fost descoperit. Dogma păgânilor antici privind prăjirea sufletelor, care a fost copiată în Scripturile creştine şi a fost transmisă până în ziua de astăzi de credulitatea şi superstiţia creştinilor, nu a fost proiectată pentru cei sensibili şi inteligenţi, ci pentru a-i speria pe cei fără minte. Bunii creştini care păstrează această veche superstiţie şi în zilele noastre nu ar trebui să se plângă dacă îi situăm în cea de-a doua categorie, din moment ce istoria ne arată că le era menită doar oamenilor fără minte. Aceasta nu este doar poziţia a doi scriitori, ci a tuturor celor care au comentat acest subiect acum mii de ani în Egipt, India şi Grecia. Şi au fost mulţi. Toţi sunt în acord cu Strabon şi Polybius în privinţa faptului că dogmele privind Diavolul şi pedepsele post-mortem au fost inventate pentru marea masă ignorantă şi superstiţioasă. Dacă spaţiul ne-ar permite-o, i-am putea cita în acelaşi sens şi pe Cicero, Dionis, Seneca, Socrate, Virgilius, Titus Livius şi Plutarh.

Aşa cum vindecăm câteodată trupul cu leacuri nesănătoase atunci când leacurile cele mai sănătoase nu produc nici un efect, tot la fel strunim minţile cu idei neadevărate. Trebuie introdusă frica pedepselor viitoare din Tartar. Se folosesc în acest scop şi alte născociri pe care Homer (900 î.Hr.) le-a cules din rândul celor sacre în antichitate. Din moment ce Homer a trăit cu multe sute de ani înaintea lui Cristos, înseamnă că dogma privind pedepsele viitoare este foarte veche.

Voi mai cita alţi doi scriitori, pe Seneca şi pe Cicero. Cel dintâi ne spune că: "Infernul, întunericul, închisoarea, râul de foc, locul de judecată sunt toate născociri cu care se amuză poeţii şi care ne trezesc frici fără obiect".

Cicero situează dogma pedepselor viitoare în rândul „fabulelor de proastă calitate", iar Plutarh, în rândul „poveştilor fantastice".

Voi cita un scriitor care consemnează larga răspândire a acestei superstiţii în India, acum 3200 de ani, pentru a arăta cum era privită de clasele inteligente ale societăţii în acea ţară şi în acel timp îndepărtat.

Colonelul Dow spune, în lucrarea sa „Disertaţii despre India": "Brahmanii cei mai învăţaţi spun că iadul care este menţionat în Vede are doar rol de sperietoare care să întipărească în minţile oamenilor îndatoririle morale. Pentru că iadul este doar o conştientizare a răului şi a consecinţelor nefaste care urmează invariabil faptele rele".

Gânduri cu siguranţă sensibile, izvorâte din minţile unor păgâni acum peste 3200 de ani, întrucât misionarul şi reverendul D. O. Allen situează compilarea Vedelor în 1400 î.Hr., în vreme ce alţi scriitori le consideră mult mai vechi.

Voi încheia seria citatelor istorice cu alte două aparţinând unor scriitori creştini. Reverendul Pitrat spune, în lucrarea sa „Originile păgâne ale doctrinelor susţinătorilor papalităţii" (pag. 138): "Legiuitorii, mistagogii, poeţii şi filosofii nu au inventat nici un chin pentru a speria oamenii sub pretextul de a-i face mai buni. Adevărul este că s-a încercat doar supunerea acestora".

Reverendul Thayer spune: "Bineînţeles, pentru a asigura supunerea, au fost nevoiţi să inventeze pedepse divine pentru nesupunere în faţa a ceea ce ei impuneau drept legi divine".

Deţinem cele mai clare dovezi de ordin istoric în sprijinul următoarei triple ipoteze:

1. Dogma pedepsei viitoare fără sfârşit, a condamnării penale post-mortem, a fost propovăduită la scară largă în lumea păgână cu mult înaintea apariţiei creştinismului.

2. A fost inventată de preoţi uneltitori şi de legiuitori pentru înfricoşarea celor suficient de naivi pentru a crede aşa ceva şi a li se supune. Credulii, ignoranţii şi superstiţioşii au devenit uneltele folosite în realizarea ambiţiilor egoiste ale demagogilor din Biserică şi Stat.

3. Clasele inteligente şi culte ale societăţii nu au crezut niciodată în această doctrină şi nici nu ar fi trebuit să creadă din moment ce nu era realizată pentru ei. Prin urmare, aceia din prezent care aderă la această doctrină şi acordă realitate conţinutului său, chiar dacă pot fi numiţi creştini, nu pot fi consideraţi stricto sensu oameni raţionali şi inteligenţi.

Cine are urechi de auzit să audă şi să alunge orice frică în privinţa pedepsei viitoare.

Este bine de precizat faptul că am omis trimiterile directe la autorităţi în privinţa multor elemente istorice prezentate în paginile precedente pur şi simplu fiindcă am considerat că ar fi împovărat lucrarea şi i-ar fi dat dimensiuni nepotrivite. Ca dovadă, însă, a poziţiilor noastre celor mai importante, am indicat în majoritatea cazurilor sursele citatelor. Dacă cititorul va consulta lucrările următorilor scriitori, alături de cele care au fost deja menţionate, va găsi aproape toate lucrurile din acestă carte şi multe altele de acelaşi tip: Baily, Dupins,

Bryant, Faber, Taylor, Theon, Kirker, Staffer, Boyer, Scalinger, Macrobius, Virgilius, Nonnus, Hyde, Creden, Higgins, etc..

Capitolul al XVI-lea
Explicarea termenilor *iad*, *Hades*, *Tartar*, *infern*, *gheenă*, *Tofet*.

Cuvântul Hell (Iad) este forma de genitiv a cuvântului anglo-saxon „hole" (gaură). Acest cuvânt era folosit pentru a indica viitoarea reşedinţă a celor răi, situată undeva, într-o gaură în pământ. Probabil într-o Gaură a lui Symmes (vezi pagina 30).

Cuvântul „Tartar" provine din limba tătarilor. A fost folosit iniţial pentru a desemna abisul imaginar situat undeva în Republica Tătară independentă, care era considerat reşedinţa celor răi după moarte. Era considerat un loc îngrozitor de rece, iar Hesiod îl descrie drept „un loc adânc şi întunecat".

Cuvântul „infernus" înseamnă inferior, în partea de jos, dedesubt şi era folosit pentru a indica lumea arzătoare de sub pământ. De aici provine cuvântul „infern".

Cuvântul „gheena" este folosit de 12 ori în versiunea Bibliei în limba greacă şi este tradus „iad" de fiecare dată. Acest cuvânt este format din două cuvinte în limba greacă, „ge" sau „gen", („pământul") şi Hinnom, denumirea locului în care reprezentanţii poporului sfânt al Domnului obişnuiau să sacrifice porumbei şi, câteodată, proprii copii. Prin urmare, înseamnă pur şi simplu „pământul" sau Valea Hinnomului.

Cuvântul Tofet vine de la Tof, o tobă la care se bătea în timpul sacrificării copiilor (realizată, după cum am mai spus, de poporul sfânt al Domnului) pentru a le acoperi ţipetele. Mai târziu a fost folosit pentru a indica un loc de depozitare al animalelor moarte și al altor murdării. Din această cauză a ajuns să reprezinte locul imaginar de pedepsire a celor răi.

Cuvântul Hades a fost explicat într-un capitol anterior.

Capitolul al XVII-lea
163 de întrebări pentru aceia care cred în pedeapsa post-mortem.

Dogma pedepsei viitoare fără sfârşit permite atât o abordare logică, cât şi una morală, însă spaţiul disponibil nu ne permite să le discutăm. Prin urmare, vom încheia acest eseu privind biografia lui Satan cu o serie de întrebări scurte. Întrebările înlocuiesc o discuţie stufoasă asupra subiectelor respective şi permit o privire asupra întregului subiect al pedepsei post-mortem.

1. Cine a creat Diavolul, când şi care ar fi vârsta lui în prezent?
2. Care este rasa sa? Este malaez, mongol, african, caucazian?
3. Din ce fel de material a fost compus sau creat?
4. Presupunând că a fost făcut din nimic (materialul din care a fost creat întregul Univers, potrivit dicţionarului Webster), nu ar trebui să ajungem la concluzia că el este şi va fi mereu nimic în baza axiomei filosofice că orice trebuie să aibă caracteristicile materialelor din care a fost creat?
5. Dacă maiestatea sa infernală nu a fost creată de Dumnezeu, nu suntem oare forţaţi să admitem că este auto-creat şi independent de orice cauză?
6. Şi dacă este aşa, nu înseamnă că avem două Fiinţe Atotputernice şi Omniprezente?

7. Iar dacă sunt două, am putea întreba, câte Fiinţe Atotputernice şi Infinite pot exista în acelaşi timp?

8. Sau cum putem admite existenţa a mai mult de unu, dacă nu în sensul tradiţiei otaheitane care spune că „un diavol sau zeu se poate găsi în Dumnezeu aşa cum un şarpe se poate găsi în alt şarpe?".

9. Dacă Dumnezeu a fost prima Fiinţă Omniprezentă şi a ocupat tot spaţiul, cum de s-a mai găsit loc pentru o altă fiinţă omniprezentă?

10. Şi în corelaţie cu acesta, este marele inamic al sufletelor dependent de Dumnezeu sau este independent de Acesta?

11. Dacă este dependent de Dumnezeu, nu ne forţează oare logica să-L considerăm responsabil pe Dumnezeu pentru toate faptele rele, abjecte şi diabolice ale diavolului?

12. Iar dacă este independent de Dumnezeu, cum înlăturăm absurditatea de ordin filosofic privind existenţa a două Fiinţe Infinite şi Atotputernice care conduc universul în acelaşi timp?

13. Dacă Satanitatea sa nu este atotputernică, cum reuşeşte să momească milioane de suflete şi să le ducă la pierzanie când Dumnezeu „voieşte ca toţi oamenii să fie mântuiţi"[117]?

14. Dacă nu are existenţă independentă, nu înseamnă că a fost creat de Dumnezeu?

15. Dacă Dumnezeu i-a dat existenţă acestui mare prim autor al răului, nu înseamnă că Dumnezeu însuşi este autorul

---

[117] 1 Timotei II, 4.

răului, dat fiind că fără diavol (potrivit declaraţiei ortodoxe) răul nu ar fi putut exista?

16. Atunci cine este responsabil de existenţa răului, Dumnezeu sau Diavolul?

17. Cum poate Dumnezeu să urască răul şi totuşi să permită existenţa Diavolului, având în vedere că este Omnipotent şi ar putea să îl distrugă?

18. Dacă Diavolul este un înger căzut, aşa cum ne învaţă creştinii, cine l-a ispitit şi l-a făcut să cadă?

19. Cum a putut fi ispitit din moment ce nu exista încă cel hain pentru a-l ispiti?

20. L-ar fi creat Dumnezeu dacă ar fi ştiut că va ieşi aşa de neascultător, infam şi diabolic?

21. Dacă nu a ştiut, cum poate fi omniscient, "singurul care este înţelept"[118]?

22. Cum a fost posibilă căderea din rai a acestui arhanghel, când în rai totul este şi trebuie să fie perfect în mod infailibil?

23. Şi, dacă (după cum suntem informaţi în Sfintele Scripturi) a fost odată un război în Ceruri, nu s-ar putea repeta un astfel de conflict sângeros, n-ar putea fi forţată să plece garnizoana formată din cei ce nu opun rezistenţă, având în vedere că se opun războiului şi principiile le-ar fi ultragiate în faţa carnagiului?

24. Sau ar trebui să ne gândim că ar alege să nu intre în paradisul mânjit se sânge, preferând să apuce „calea lată care duce la pierzare"[119]?

25. Ce asigurări avem că următorul război din Ceruri, purtat între duhurile celor neprihăniţi, făcuţi desăvârşiţi, nu va

---

[118] Romani XVI, 27.
[119] Matei VII, 13.

avea ca deznodământ victoria lui Scaraoţchi şi a oştii rebelilor, ceea ce ar face ca bătrânul balaur să se instaleze în tronul de smarald şi să conducă cu putere de demon şi întreaga oştire a Cerurilor?

26. Poate ceva depăşi nedreptatea de a-i permite Diavolului să se transforme într-un înger de lumină, având în vedere că ar fi imposibil să fie deosebit de o altă fiinţă celestă sub acest aspect, fapt ce ar face imposibil să ştii când să-i rezişti, aşa cum porunceşte Biblia?

27. Presupunând că Satanitatea sa are fiinţă, putem întreba ce modus operandi a folosit pentru a-şi face cunoscută existenţa? A folosit modalitatea curentă de revelare a adevărurilor importante, aceea a revelaţiei divine prin intermediul Sfântului Duh sau a venit în lume în persoană proprie, pe armăsarul său de foc şi şi-a anunţat existenţa diabolică?

28. De ce nu spun Sfintele Scripturi nimic despre un lucru atât de important?

29. Când (dacă ne este permis să întrebăm) a fost descoperită sau adusă la lumină marea fântână a Adâncului?

30. Cum a fost adusă la lumină? A fost descoperită în timpul unei expediţii de căutare a Pasajului de nord-vest[120] sau a căii de acces Polare?

---

[120] Pasajul de nord-vest, cale maritimă ce trece prin Oceanul Arctic, de-a lungul coastei nordice a Americii de Nord prin căile navigabile ale Arhipelagului Arctic Canadian şi legă Oceanul Atlantic de Oceanul Pacific. A fost străbătută pentru întâia dată de exploratorul norvegian Roald Amundsen în cadrul unei expediţii care s-a desfăşurat în perioada 1903-1906.

31. Am dori să întrebăm în baza cărui drept sau titlu deține maiestatea sa infernală fântâna Adâncului sau domeniile pucioasei. O deține în baza unui act care i-a fost conferit sau în baza unui drept pe care și l-a acordat singur?

32. Nu descoperim, oare, cea mai puternică dovadă a iscusinței și înțelepciunii fără egal a Arhitectului Divin, care a construit fântâna demonilor fără fund, realizând că în prezența acestei dotări nu ar fi durat foarte mult până s-ar fi umplut până sus?

33. Cu toate că ar putea fi întrebat ce anume împiedică deținuții diabolici (în absența fundului) să cadă prin ea?

34. Să fie vorba de cârligele prevăzute în acest scop, situate în pereții puțului fântânii?

35. Sau dacă nu cumva, având în vedere că au aripi (așa cum ne spune Milton), trebuie să se mențină în zbor?

36. Dacă marea fântână a Adâncului nu ar fi lipsită de fund (având în vedere că mii și mii cad zilnic în ea conform ortodoxilor, de aproximativ 6000 de ani), n-am putea sugera că aceia din partea de jos ar fi fost asfixiați încă de acum mult timp?

37. Dacă 200 de persoane mor în fiecare minut (după calculele lui Buffom) și 150 dintre acestea cad în pandemoniu, am dori să întrebăm câți demoni sunt ocupați fără oprire cu transportul sufletelor păcătoșilor și azvârlirea acestora în Tartar, noua lor casă de foc, unde trebuie să se audă „scrâșnirea dinților"[121] (sau a gingiilor în lipsa dinților) pentru vecie?

---

[121] Matei XIII, 42; Luca XIII, 28.

38. Sau, dacă nu sunt transportate, atunci cum sunt duse sau purtate în Hades?

39. Merg acestea călare, pe propriile picioarele, se târăsc, zboară sau ţopăie până acolo?

40. Sunt convinse să meargă cu vorba bună, conduse sau târâte?

41. Şi, având în vedere că Biblia vorbeşte de conducătorul împărăţiei de jos la singular, numindu-l „Satan", "Diavolul", etc., am dori să întrebăm cum se poate ocupa un singur necurat neobosit de fiecare fiu şi fiică a lui Adam, care însumează un miliard de suflete (având în vedere că suntem învăţaţi că toate sunt duse în ispită), cum le poate face pradă pierzaniei veşnice, dacă nu este omniprezent?

42. Nu cumva ar trebui să se mişte în ritm ameţitor, cu viteza telegrafului, fie şi pentru a face o singură vizită pe an fiecărui fiu şi fiică a lui Adam, la respectivele domicilii, doar pentru a spune „Ce faceţi, domnule", "Mă bucur să vă văd"?

43. Sau trebuie să presupunem, pentru a înlătura această dificultate, că dacă „la Dumnezeu toate lucrurile sunt cu putinţă"[122], aşa este şi în cazul Diavolului?

44. Sau, dacă se încearcă depăşirea acestei dificultăţi presupunând că alteţa sa satanică are la dispoziţie o suită de pârdalnici sau demoni pigmei (subordonaţi sau ofiţeri de clasa a doua) care îl ajută în îndeplinirea planului său diabolic, ne întrebăm dacă nu cumva ar trebui să-şi investească tot timpul disponibil în pregătirea acestor funcţionari şi antrenarea lor la vânătoarea de suflete?

---

[122] Mate XIX, 26.

45. Sau, dacă această activitate i-ar mai lăsa timp să mănânce şi să doarmă sau să se odihnească de Sabat?

46. Am dori să întrebăm, de asemenea, când vine vorba de altitudini mari sau climat nordic (regiunile Polare de exemplu), dacă demonii vânători de suflete pot risca părăsirea împărăţiei arzătoare pentru a se aventura în zone cu temperaturi de – 50 sau – 75 de grade, fără a-şi primejdui grav sănătatea?

47. Nu ar trebui să luăm în calcul pericolul ca anumite suflete păcătoase, predestinate pierzaniei, să reuşească să intre în paradis în situaţii de acest gen, în care diavolii care le urmăresc sunt întârziaţi inevitabil în strădania lor de condiţiile meteo?

48. Nu ar trebui Dumnezeu să-i fie recunoscător încornoratului bătrân pentru preluarea activităţii de pedepsire a celor răi, având în vedere că a declarat că, "cei răi nu vor rămâne nepedepsiţi" şi ar fi trebuit să-i pedepsească El dacă nu ar fi făcut-o Diavolul?

49. Nu ar trebui să considerăm că şerpimea sa este un servitor credincios al Domnului şi un colaborator al Acestuia, având în vedere că Dumnezeu a decretat că răii „vor avea ca pedeapsă o pierzare veşnică", ceea ce face Diavolul executantul acestei munci nepreţuite?

50. Sau, dacă pedepsirea celor răi i se atribuie exclusiv Diavolului şi este în asentimentul lui Dumnezeu, care îi permite să existe şi să-şi execute munca infernală, nu cumva Diavolul acţionează conform voinţei lui Dumnezeu, îndeplinindu-şi datoria?

51. Din cele de mai sus nu decurge oare că Dumnezeu îi pedepseşte pe cei răi, nu Diavolul, care este un simplu agent?

52. Pe de altă parte, dacă presupunem că Dumnezeu este împotriva operaţiunilor şi maşinaţiilor Diavolului, nu înseamnă oare că maiestatea sa diabolică este adevăratul stăpân şi-L forţează pe Dumnezeu în poziţie subordonată, de atotputernicie secundară?

53. Şi nu decurge oare acelaşi lucru şi dintr-o altă ipoteză, anume din aceea că poarta largă a Diavolului prin care intră mulţi e mult mai aglomerată decât calea îngustă care duce la viaţă?

54. Putem întreba dacă nu a fost cumva irosită munca pentru construcţia „casei cu multe locaşuri"[123], având în vedere că aşa puţini viitori locatari vor găsi drumul până la ea şi puţinora le va fi permisă intrarea?

55. Nu cumva am putea considera planul creştin de mântuire un fel de loterie, la care au bilete Dumnezeu şi Diavolul, în cadrul căreia cei răi sunt traşi la sorţi?

56. Şi nu ne învaţă oare Sfintele Scripturi că primul premiu pe care l-a câştigat omnipotenţa sa infernală sau satanică a fost Eva?

57. Şi că, începând cu acel noroc iniţial, el a început să câştige cea mai mare parte a plevuştii, o parte mult mai mare decât cea pe care a câştigat-o Creatorul însuşi?

58. Dacă Diavolul, după ce a suferit o reducere a ubicuităţii şi a puterii infinite şi după ce Dumnezeu a declarat: "toate sufletele sunt ale Mele"[124], tot a reuşit să momească cea mai mare parte a acestora, câte putem presupune că i-ar fi lăsat lui Dumnezeu dacă nu i-ar fi fost reduse puterile?

---

[123] Ioan XIV, 2.
[124] Ezechiel XVIII, 4.

59. Dacă cea mai mare parte a „moștenirii Domnului"[125] se găsește pe calea cea lată care duce la pierzare, așa cum ne informează Sfintele Scripturi, nu ar trebui să presupunem că în casa Domnului cu multe locașuri sunt multe camere libere?

60. Din moment ce răii vor avea parte de pedeapsă eternă în iad, după cum ni se spune[126], nu este oare ciudat că Dumnezeu vorbește de distrugerea iadului[127]?

61. Cum pot fi pedepsiți cei răi după ce sunt nimiciți[128]?

62. Cât mai pot exista aceștia după ce au fost nimiciți?

63. Cum pot arde sufletele celor răi pentru totdeauna[129], fără a fi consumate, din moment ce focul distruge tot?

64. Nu ar fi, oare, de mare ajutor descoperirea unei substanțe capabilă să ardă de-a pururea fără a se consuma, mai cu seamă dacă ar putea fi utilizată în scopuri culinare în zonele cu deficient de combustibil?

65. Nu cumva îl facem pe Dumnezeu de o mie de ori mai rău decât cea mai rea dintre creaturile sale, când spunem că poate pedepsi o ființă pe vecie?

66. Și nu-i atribuim un caracter inuman, brutal, sălbatic? Un tip de caracter ce-ar fi disprețuit chiar și de cel mai sălbatic tiran care a vărsat vreodată sânge uman pe acest pământ?

67. Poate fi numit, în întreaga istorie, fie și un singur nemernic cu inimă de demon capabil să-și ardă în flăcări dușmanul timp de-o săptămână, ca să nu vorbim de-o eternitate?

---

[125] Psalmii CXXVII, 3.
[126] Matei XXV, 46 (K.G.).
[127] Osea XIII, 14.
[128] Matei XXI, 41 (K.G.).
[129] Matei XVIII, 8 (K.G.).

68. Ce am face mai rău să credem, o asemenea ponegrire a caracterului lui Dumnezeu sau greșeala scriitorului care îi atribuie un astfel de caracter, fie și în baza pretenției respectivului scriitor la inspirație divină?

69. Nu are Leigh Hunt[130] dreptate când spune: "Dacă un înger ar fi să-mi spună să cred în pedeapsa eternă, nu aș crede, pentru că ar fi mai potrivit să consider îngerul o iluzie decât pe Dumnezeu monstruos, caracter pe care i-L atribuim dacă Îl considerăm autorul pedepsei veșnice"?

70. Cum ar putea Ființa care reprezintă Bunătatea perfectă să pedepsească una dintre creaturile sale fără a se pedepsi mental (dacă nu fizic) pe sine, fără a se pedepsi pe sine etern?

71. Nu reprezintă culmea absurdității presupunerea că Dumnezeu s-ar pedepsi în acest fel?

72. Ar putea o divinitate cu o fărâmă de înțelegere, justiție sau milă să pedepsească o ființă (mai cu seamă un copil de-al său) timp de un an, o lună sau chiar o zi, ca să nu vorbim de veșnicie?

73. Are sens pedepsirea unei ființe, dacă nu în scopul de a o îndrepta sau de a face din ea un exemplu pentru ceilalți?

74. Nu cumva este imposibil ca pedeapsa post-mortem să servească oricăruia dintre aceste scopuri?

75. Ar putea un Dumnezeu just să pedepsească una din creaturile sale pentru că a acționat în baza unui impuls izvorât din natura sa, pe care chiar El i-a dat-o? Nu fac oare toate ființele umane acest lucru?

---

[130] James Henry Leigh Hunt (19.10.1784 – 28.12.1859) a fost un poet, eseist și critic literar englez.

76. Atunci când Dumnezeu (potrivit Bibliei) a văzut că cea mai mare parte a omenirii se îndrepta către pierzanie și creația se dovedise un eșec, de ce nu a distrus tot pentru a mai face o încercare sau de ce nu a renunțat pur și simplu la această lucrare necorespunzătoare?

77. Nu este ciudat că un Dumnezeu Atotputernic, care dorește mântuirea tuturor oamenilor, nu a reușit să găsească un plan în baza căruia să fie salvați toți?

78. A prevăzut Dumnezeu tendința omului către ruină și osândă?

79. Dacă nu, cum poate fi Omniscient, cum poate fi Dumnezeu?

80. Presupunând că a prevăzut aceste tendințe și că a realizat caracterul lor fatal, n-ar fi fost mai bine să se abțină de la a-i da viață?

81. Nu ar trebui să considerăm un act de cruzime faptul că i-a dat existență sub aceste auspicii?

82. Ar putea orice ființă care posedă o fărâmă de sensibilitate, fie aceasta Dumnezeu sau om, să fie fericită fie doar pentru un moment realizând că fie și un singur suflet suferă chinurile iadului?

83. Ar putea cineva zâmbi vreodată dacă ar crede cu adevărat că un prieten sau cineva din familia sa suferă sau este condamnat să sufere chinuri nesfârșite într-un lac de foc?

84. Ar putea cineva să nu-l urască pe Dumnezeul care i-a expus soția sau copilul la chinurile îngrozitoare ale focului de nepotolit?

85. Cum ar mai putea deveni tată acela care crede în această dogmă?

86. Cum ar putea orice om sensibil, cu principii, accepta să aducă pe lume copii sub ameninţarea probabilă ca partea cea mai mare a acestora să fie pierdută, după cum se înţelege din declaraţia din Biblie care prevede că puţini vor fi mântuiţi"?

87. Am putea întreba cum poate Dumnezeu să pedepsească etern un suflet, când Cuvântul Său suţine că „Domnul nu leapădă pentru totdeauna"[131]?

88. Este justă sau are sens pedepsirea nediferenţiată a tuturor oamenilor în lumea suferinţei, având în vedere diferenţa uriaşă dintre crime, de exemplu, diferenţa cât lumea de mare dintre furtul unei mode de mică valoare şi uciderea unui om?

89. Nu suntem oare îndreptăţiţi să stabilim că unui Dumnezeu just i-ar fi imposibil din punct de vedere moral să dea o pedeapsă infinită unei fiinţe finite pentru orice crimă, din moment ce o acţiune finită (fie bună sau rea) nu poate avea consecinţe eterne fără a răsturna şi cel din urmă principiu al echităţii sau chiar al bunului simţ?

90. După ce ne-a comandat să ne iubim duşmanii, nu Îl facem pe Dumnezeu să sune contradictoriu dacă-L reprezentăm pedepsindu-şi-i pe ai Săi etern, mai ales având în vedere că „ne poate îndrepta oricând sufletele ticăloase"[132]?

91. Cum poate fi Isus Cristos „Mântuitorul tuturor oamenilor"[133], din moment ce ni se spune că nu sunt mântuiţi toţi, cea mai mare parte a lor suferind chiar damnarea?

---

[131] Plângerile lui Ieremia III, 31.
[132] Filipeni III, 21 (K.G.).
[133] 1 Timotei IV, 10 (K.G.).

92. Care este beneficiul credinței în Iad sau în pedeapsa viitoare, când aproape toate crimele de pe lume sunt comise de aceia care cred în pedeapsa nesfârșită?

93. Nu acordă oare credința în Diavol sau iad un permis pentru crimă, având în vedere că situează foarte departe ziua nefastă a pedepsei, ceea ce acordă timp păcătosului pentru a se gândi la sute de modalități de a o evita?

94. Poate fi numit virtuos un om dacă se înfrânează de la rele doar de frica Diavolului sau iadului?

95. Dacă este așa, nu ar putea fi considerat virtuos câinele care nu dă iama în păsările domestice de teama bastonului stăpânului?

96. Nu ar putea fi denumit pe bună dreptate „Diavolul creștinilor", „buldogul ortodocșilor" sau „Generalul sperietoare în Împărăția cerurilor", având în vedere că este folosit la înspăimântarea persoanelor libere, pentru a le face să intre în rai?

97. Poate o persoană fi considerată cu adevărat liberă dacă este gonită în direcția raiului asemenea unui refugiat din calea celui care devorează tot sau dacă se orientează către rai numai fiindcă este urmărită de Diavolul cel fioros?

98. Dacă este gonită astfel în rai, poate fi felicitată că a ajuns acolo?

99. Nu înseamnă, oare, că un creștin are înclinații puternice către damnare având în vedere că este nevoie de două puteri atotputernice pentru a fi mântuit, cea a Tatălui Iubitor care spune „Întoarceți-vă la Mine și veți fi mântuiți toți cei ce sunteți la marginile pământului"[134] și cea a Diavolului, a

---

[134] Isaia XLV, 22.

Potrivnicului neobosit, care îl urmărește zi și noapte asemenea unui leu hămesit?

100. Așadar, având în vedere că două puteri omnipotente lucrează creștinul pentru a-l duce în rai (una în partea din față și cealaltă în spate) și cu toate acestea foarte puțini ajung în împărăție (doar puțini aleși sunt mântuiți), nu ajungem oare la concluzia că un creștin este foarte greu de mântuit?

101. Nu este acesta foarte greu de mântuit, mai ales având în vedere că are două pașapoarte pentru rai (iertarea păcatelor și căința), pe lângă frica de Diavol?

102. Dacă Dumnezeu ar fi dorit să-și pedepsească aspru copiii, nu ar fi putut face acest lucru fără ajutorul focului, diavolilor sau șerpilor?

103. Din cele ce ni se spun, șarpele a provocat păcate părinților noștri dintâi. N-am putea stabili că facerea sa a constituit o eroare grosolană și că Omnisciența nu l-ar fi creat dacă ar fi știut că va ieși atât de diabolic, l-ar fi lăsat „fără formă și gol"[135], mai ales că mai avea, probabil, doar foarte puțină materie primă din care să-l facă, după ce făcuse deja atât de multe lumi?

104. Dacă degradarea rasei umane a fost cauzată (așa cum ni se spune) de șarpe care i-a făcut cadou un măr măicuței Eva, ne întrebăm dacă nu ar trebui să fie iertat având în vedere că s-a purtat ca un domn și a oferit fructul altora, în primul rând doamnei, înainte de a se servi?

105. Din moment ce menirea acestui fruct era aceea de a „da înțelepciunea care duce la mântuire"[136] și șarpele

---

[135] Geneza I, 2; Ieremia IV, 23.
[136] 2 Timotei III, 15.

„devenise mai şiret decât toate fiarele câmpului"[137], nu se înţelege oare că până la urmă s-a înfruptat după pofta inimii din deliciosul fruct?

106. Şi, dacă întâilor noştri părinţi consumarea fructului oprit nu le-ar fi deschis ochii şi nu i-ar fi făcut să cunoască binele şi răul, putem întreba cât timp ar fi trebuit să meargă orbeşte, dacă nu ar fi furat fructul sacru şi interzis?

107. Nu suntem oare forţaţi să stabilim că furtul şi păcatul au fost extrem de necesare şi justificate, având în vedere că dacă ei nu ar fi şterpelit câteva mere, nu ar fi cunoscut niciodată binele şi răul?

108. Nu suntem, prin urmare, îndatoraţi Tatălui minciunii (şerpimii sale) pentru cel mai de seamă adevăr revelat vreodată omenirii, anume cunoaşterea binelui şi răului, din moment ce el a provocat fapta care a dus la obţinerea acestei cunoştinţe?

109. Din moment ce consumarea fructului oprit avusese menirea de a-i face pe Adam şi pe Eva "asemenea lui Dumnezeu, cunoscând binele şi răul"[138], nu ar fi fost ultimii nebuni dacă ar fi refuzat să facă acest lucru, mai ales că mărul arăta delicios?

110. Cine a spus adevărul, Dumnezeul imaginar al lui Moise sau Diavolul, alias şarpele, din moment ce primul i-a spus lui Adam „în ziua în care vei mânca din el, vei muri negreşit"[139], în vreme ce Tatăl minciunii sau şarpele vorbitor, a declarat

---

[137] Geneza III, 1 (K.G.).
[138] Geneza III, 5 (K.G.).
[139] Geneza II, 17.

„hotărât că nu veţi muri"[140] şi ştiind că „Adam a trăit nouă sute treizeci de ani şi a avut fii şi fiice"[141]?

111. Potrivit lui Moise, nu admite oare însuşi Dumnezeu faptul că şerpimea sa mincinoasă a avut dreptate, iar El (Omnipotenţa) s-a înşelat, având în vedere că a declarat trinităţii sau familiei divine: "Iată că omul a ajuns ca unul din Noi, cunoscând binele şi răul"[142]?

112. Cum poate fi acuzat pe drept şarpele-diavol de amăgirea întâilor părinţi, când Dumnezeu însuşi admite că acesta le-a spus adevărul?

113. Dacă şarpele din Geneză este Diavolul creştinilor, roata centrală a ortodoxiei, cel despre care Brigham Young[143] spune că se află pe urmele păcătoşilor cu băţul pentru a-i goni în rai şi că face mai mulţi sfinţi decât toate celelalte mijloace împreună (fără excepţia puterii Domnului), atunci de ce nu s-a spus nimic despre prăjirea întâilor părinţi în focul cel veşnic, care a fost pregătit Diavolului şi îngerilor lui pentru nesocotirea poruncilor Divine?

114. Nu ar fi putut oare fi evitat blestemul care a lovit rasa umană cu ajutorul şarpelui (potrivit ortodoxilor) prin construirea unui simplu gard anti-şarpe în jurul grădinii de aur, astfel încât maiestatea sa cu coadă lungă să nu poată intra? Sau prin punerea îngerului cu sabie de foc de pază la poartă înaintea căderii omului, nu după, astfel încât să îi

---

[140] Geneza III, 4 (K.G.).
[141] Geneza V, 4, 5.
[142] Geneza III, 22 (K.G.).
[143] Brigham Young (1.06.1801 – 29.08.1877) a fost un conducător al Bisericii mormone, politician şi colonizator al Vestului Americii.

zdrobească capul sau să-l decapiteze de la prima încercare de pătrundere în perimetru?

115. Având în vedere că după căderea-blestem şarpele a fost osândit să se târască („blestemat eşti să te târăşti pe pântece"[144]), se ridică întrebarea cu privire la modul său de deplasare anterior căderii. Mergea în cap sau în coadă, sărea sau zbura?

116. Are dreptate bardul creştin care spune răspicat că: "Dumnezeu l-a creat pe Diavol şi Diavolul a creat păcatul, Aşa că Atotputernicul a făcut o groapă şi l-a pus în ea pe dracul"?

117. Pentru a primi toată înţelepciunea care duce la mântuire nu ar trebui să ni se spună şi în ce limbă a vorbit şarpele cu mama Eva? Era o limbă în circulaţie sau una moartă?

118. Nu ar trebui să presupunem că mama Eva a fost surprinsă să audă un şarpe vorbind sau putem conchide că era obişnuită cu astfel de ciudăţenii?

119. A oferit şarpele, cunoscut şi drept Satan (pentru dovada faptului că reprezintă acelaşi lucru, să se consulte capitolul al XII-lea din cartea Apocalipsei), primul exemplu de mers fără picioare sau blestemul expirase şi îi crescuseră picioare când începuse să „cutreiere pământul"[145] şi-l onorase cu o vizită pe bătrânul Iov?

120. De ce trebuie considerat un blestem faptul că şarpele a fost osândit să se târasca, având în vedere că şerpilor şi şopârlelor care se târăsc le merge la fel de bine ca broaştelor care sar sau animalelor care merg?

---

[144] Geneza III, 14 (K.G.).
[145] Iov II, 2.

121. Sau acest mod de deplasare reprezintă blestem doar la adresa şerpilor, în vreme ce nu şi la dresa celorlalte sute de alte specii de reptile care procedează la fel pentru a se mişca?

122. Nu cumva motivul în baza căruia şarpele-diavol a devenit marele Potrivnic al Dumnezeului lui Moise este acela că, în ciuda pierderii picioarelor, a fost capabil de actul de mărinimie reprezentat de împărţirea merelor (în locul păstrării tuturor acestora pentru consumul propriu)?

123. Ce ar fi realizat şarpele mâncând praf („ţărână vei mânca în toate zilele vieţii tale"[146])? Nu ar fi fost extrem de obositor, cu limba sa bifurcată şi fusiformă? Ar fi slăbit sau s-ar fi îngrăşat cu această dietă? Avea voie să mănânce noroi atunci când ploua?

124. Era Diavolul un agent liber înainte de a fi blestemat (când avea încă picioare)? Şi dacă nu era, cum de a fost blestemat?

125. Este adevărat că există în prezent mai multă vrăjmăşie între sămânţa femeii şi şarpe, decât între rasa umană şi hiene, şoarici sau dihori?

126. Câtă vrăjmăşie există între hindus şi şarpele care i se încolăceşte în jurul gâtului şi i se strecoară în sân?

127. Având în vedere că tata Adam a fost condamnat să mănânce pământ, "blestemat este acum pământul din pricina ta, cu multă trudă să-ţi scoţi hrana din el în toate zilele vieţii tale"[147], ne întrebăm ce s-ar fi întâmplat dacă nu ar fi devenit mortal (şi cu viaţă scurtă) şi toţi descendenţii săi ar fi trăit de-a pururea aici? Cât ar fi durat până când rasa umană s-ar fi

---

[146] Geneza III, 14 (K.G.).
[147] Geneza III, 17.

înmulţit suficient ca să mănânce tot solul, din pământ ne mai rămânând decât un muşuroi cu aceasta în vârf?

128. Cine a mâncat mai mult sol sau praf, tata Adam sau şarpele?

129. Şi de ce în prezent omul nu mai mănâncă sol?

130. Nu putem conchide spunând că acest lucru se întâmplă fiindcă blestemul i-a deschis ochii şi că are acum prea multă minte ca să mai mănânce pământ, cum i-a zis Domnul lui Moise?

131. Din moment ce ni se spune că Diavolul l-a dus o dată pe Cristos pe acoperişul templului, putem întreba cum a fost făcut acest lucru? A fost ţinut de păr ca Habakkuk[148]? S-a opus cumva acestui lucru?

132. Dacă ne gândim la priceperea şi cunoştinţele etalate în discuţia purtată cu Cristos, putem oare evita concluzia că Diavolul este un avocat foarte priceput?

133. Şi un bun cunoscător al Bibliei, considerând uşurinţa cu care cita din Scripturi?

134. Nu este oare dezonorant pentru un Dumnezeu omnipotent şi omniprezent să fie prezentat (cum se întâmplă în cazul lui Cristos) în timp ce-l urmează pe Satan ca o oaie sau ca un vechi tovarăş?

135. Erau oare la curent Evangheliştii, care L-au prezentat de mai multe ori pe Cristos scoţând draci din oameni, că aceasta era o veche superstiţie păgână, cunoscută în multe zone?

---

[148] Relatarea „Bel si balaurul" în care se găseşte personajul Habakkuk apare în capitolul al XIV-lea al cărţii lui Daniel, varianta extinsa, în limba greacă.

136. Atunci când dracii au intrat în porci[149] cu permisiunea lui Cristos, ce a servit ca poartă de intrare, prora sau pupa?

137. Şi dacă porcii ar fi fost vânduţi cu dracii în ei, ce reducere ar fi trebuit să primească cumpărătorul astfel încât să plătească doar greutatea proprie a porcilor?

138. Şi dacă ar fi să se petreacă şi în prezent astfel de întâmplări diabolice, nu ar deveni oare afacerile cu porcine extrem de riscante?

139. Cât de sus deasupra acestui pământ în formă de glob trebuie să se fi ridicat Isus şi Diavolul că să poată vedea „toate împărăţiile lumii"[150], inclusiv cele din partea de jos?

140. Cum se face că superstiţia a găsit mereu un diavol peste tot, în vreme ce ştiinţa nu l-a găsit nicăieri?

141. Cum se face că în ţările în care nu sunt preoţi, diavolii au fost mereu şi sunt la fel rari ca gărgăriţele în luna Decembrie?

142. Nu demonstrează toate aceste elemente faptul că preoţii şi Diavolul sunt un fel de fraţi siamezi, indisolubil legaţi şi reciproc indispensabili?

143. Nu este oare cauza acestei relaţii intime dezvăluită de faptul că superstiţia cu Diavolul ţine în mişcare angrenajul obscurantismului clerical, îl păstrează uns şi în perfectă stare de funcţionare şi mai mult decât orice, ţine pline cu câştig mârşav buzunarele preoţilor?

144. Nu este oare un fapt istoric recunoscut că Strabon, Polybius, Zimmaeus şi mulţi alţi scriitori păgâni care au trăit cu mult înaintea lui Cristos, au catalogat cu toţii Diavolul şi iadul drept invenţii ale preoţilor şi legiuitorilor, ticluite doar cu

---

[149] Luca VIII, 32 (K.G.).
[150] Marcu IV, 8.

scopul de a speria mulţimea credulă, ignorantă şi superstiţioasă şi de a o ţine subjugată „stăpânirilor care sunt"[151], adică preoţilor şi suveranilor?

145. De ce nu dezvăluie revelaţiile din Biblia creştină adevărul, anume că Diavolul şi flăcările iadului reprezintă dogme şi superstiţii cu origine păgână?

146. Filosofii păgâni au arătat că noţiunile de diavol şi iad au fost inventate pentru a-i speria pe cei slabi la minte. Nu rezultă că toţi aceia care cred în prezent în această superstiţie ar trebui să fie incluşi în aceeaşi categorie?

147. Cine este mai milos şi mai rezonabil, Dumnezeul creştinilor, despre care aceştia spun că pedepseşte etern sau diavolul păgânilor din Siam, care pedepseşte pentru o mie de ani conform siamezilor?

148. Nu ar trebui, oare, să considerăm mai milos şi mai rezonabil decât Dumnezeul creştinilor chiar şi Dumnezeul persanilor, având în vedere că acesta promite să-l lase să viziteze paradisul, o dată la 14000 de ani, până şi pe Scaraoţchi însoţit de oastea sa rebelă?

149. Care entitate ar trebui să ne pară mai bună şi mai rezonabilă, Dumnezeul din Biblie, care i-a spus lui Avram să-l omoare pe fiul său Isaac sau Diavolul, care i-a spus să nu facă acest lucru?

150. Nu este straniu că oamenii îi atribuie lui Dumnezeu un tip de caracter pe care ştiu că îngerii l-ar dispreţui şi a cărui eventuală posesie i-ar face să roşească?

151. Principalul efect al predicării superstiţiei flăcărilor iadului nu a fost oare crearea a numeroase iaduri pe pământ

---

[151] Romani XIII, 1.

(având în vedere că mulți au fost deprimați de frici nefondate), fără a salva pe nimeni de iadul imaginar de pe lumea cealaltă?

152. Faptul că Dumnezeu este reprezentat osândind o parte a oamenilor nu a avut oare efectul negativ de a-i face pe oameni să se blesteme unii pe alții? Nu este aceasta sursa principală a blestemelor și înjurăturilor care împânzesc și demoralizează întreaga lume creștină?

153. Nu este adevărat că de la „să te bată Dumnezeu" din Biblie și de la preoți, vine „să te bată Dumnezeu" rostit zilnic de mii de buze pe toate străzile?

154. Nu este oare adevărat faptul că dogma pedepsei nesfârșite este menită să acționeze asupra punctelor slabe ale celor mai slabi oameni și este doar o sperietoare pentru adulții-copii slabi la minte?

155. De ce nu este văzut și întâlnit Diavolul în prezent ca în zilele lui Martin Luther, care i-a dat cu călimara în cap și care relatează cu toată seriozitatea multe controverse și lupte purtate cu acesta, vremuri, totodată, în care mulți declarau că îl văd zilnic?

156. Nu este oare pentru că șerpimii sale îi este teamă de lumina zilei adusă de știință și de lipsa de religiozitate?

157. Nu putem oare afirma în mod susținut că marșul științei și lipsei de religiozitate îl va împinge curând, alături de armata sa de demoni, înapoi în bastionul întunecat al superstiției, pentru încă o mie de ani?

158. N-am putea presupune că societatea (cu excepția preoțimii) va prospera din punct de vedere moral și fără Diavol, după ce Majestatea sa își va fi dat duhul?

159. Nu reiese oare din Scripturi că nici Pavel şi nici Ioan nu au menţionat iadul, dovadă a faptului că nu este o instituţie indispensabilă?

160. Sau, dacă ar fi, nu ar trebui să fim informaţi în care iad vor fi trimişi păcătoşii mai înainte? În iadul în flăcări sau în iadul „întunericul de afară, unde vor fi plânsul şi scrâşnirea dinţilor"[152]?

161. În concluzie, am dori să întrebăm, dacă iadul chiar ar exista, nu s-ar găsi oare un yankeu împieliţat care să construiască o cale ferată subterană şi să ducă afară de acolo toţi prizonierii aprinşi?

162. Sau n-am putea bănui că îngerii din rai, văzând de pe fortificaţiile paradisului scenele îngrozitoare din fântâna Adâncului de dedesubt, vor vărsa suficiente lacrimi cât să stingă focul iadului, înlesnind astfel damnaţilor ascensiunea în zonele binecuvântate?

163. Şi, în încheiere, având în vedere că mai multe secte creştine l-au scos deja pe Diavol din Bibliile lor, n-am putea spera că nu mai este foarte mult până când toţi oamenii cu judecată vor păşi singuri pe calea morală, fără aceste ajutoare vechi şi învechite reprezentate de superstiţiile privind Diavolul şi flăcările iadului, menite să-i sperie că să devină pioşi şi să intre în paradis?

Menirea întrebărilor de mai sus nu este aceea de a arunca în ridicol Biblia creştină sau pe aceia care cred în ea, ci, pur şi simplu, de a prezenta absurdităţile dogmei pedepsei viitoare fără sfârşit.

---

[152] Matei VIII, 12.

Anexă

Războiul din Ceruri.

„Şi în cer s-a făcut un război. Mihail şi îngerii lui s-au luptat cu balaurul. Şi balaurul cu îngerii lui s-au luptat şi ei..."[153].

Cu greu ar putea fi găsită o naţiune orientală care să nu fi păstrat în tradiţiile sale o poveste a bătăliei cereşti sau a războiului din Ceruri asemănătoare celei prezentate în paginile anterioare. Potrivit mitologiei romane, Titanii s-au ridicat împotriva lui Jupiter, pornind astfel un război în Ceruri. Dar Jupiter i-a învins şi i-a aruncat, alături de oastea rebelă, peste pe zidurile raiului (cum au făcut Mihai şi îngerii săi cu balaurul) şi i-au închis pentru totdeauna sub munţi. Superstiţioşii credeau că încercările acestora de a se elibera produceau cutremurele şi erupţiile vulcanice. Bătălia Titanilor (copiilor Cerului) împotriva zeilor Olimpului se găseşte şi în mitologia greacă. În tradiţiile egiptene găsim povestea lui Typhon (diavolul) care a pornit război împotriva lui Osiris, dar care a fost făcut bucăţi de acesta din urmă. Chinezii relatează o luptă purtată de locuitorii norilor cu cei ai stelelor. Mielul (Mielul lui Dumnezeu, care ridică păcatul lumii) a condus oastea stelelor şi a biruit.

La persani, care par să fi deţinut ediţia originală a acestei istorii, scena era astronomică. Un război a izbucnit între zeul verii şi zeul iernii. Era pur şi simplu o luptă între vară şi iarnă,

---

[153] Apocalipsa XII, 7 (K.G.).

între căldură şi frig. Zeul iernii a fost izgonit (aruncat afară) din paradis şi a devenit un înger căzut. Fiecare avea câte o suită de îngeri subordonaţi, ca în cazul Sfântului Ioan. Atragem atenţia cu această ocazie asupra unui amănunt curios. Este vorba de numele pe care Sfântul Ioan le-a ales pentru combatanţii principali în varianta sa a luptei cereşti. Mihai (Michael) este îngerul său bun, iar balaurul (dragonul) este îngerul său rău. Sa fie observat că ultima silabă din Michael este El, numele lui Dumnezeu în limba ebraică (forma de genitiv fiind Eloi). "Eloi lama sabachtani" este o rugăciune adresată lui Dumnezeu în ebraică. Iar On, ultima silabă din dragon, este numele lui Dumnezeu în limba egipteană. Este, prin urmare, pur şi simplu o luptă între El, Dumnezeul evreilor şi On, Dumnezeul egiptenilor.

Şi Sfântul Ioan, bineînţeles, a prezentat victoria zeului sau îngerului evreilor, Michael (Mihai). On era numele zeului şi pentru babilonieni. Să observăm, ca detaliu interesant, că de fiecare dată când evreii şi creştinii descendenţi ai evreilor (având în vedere că urau egiptenii şi babilonienii care le cuceriseră şi înrobiseră strămoşii) menţionau zeul acestor două popoare, foloseau nume odioase şi infernale de tipul Drag-on, Typh-on, Dag-on, Abad-on, Appolly-on, Pyth-on. Unele dintre acestea erau nume onorabile şi sacre ale lui Dumnezeu în rândul babilonienilor şi egiptenilor. Evreii şi creştinii au defăimat numele Dumnezeului acestora şi l-au transformat în Diavol sau, mai de grabă, au furat numele lor sacru al lui Dumnezeu şi l-au făcut odios aplicându-l Diavolului (Drag-on, Typh-on, Dag-on, etc.). În acelaşi timp, unii dintre îngerii lor, la numele cărora au ataşat (la început sau la sfârşit) numele ebraic al lui Dumnezeu, El: Gabri-el, Isra-el, El-isha, Elijah, etc., au fost zeificați, transformați în Dumnezeu. În lumina acestor lucruri, nu trebuie să ne mire faptul că Sfântul Ioan vorbea despre Babilon (Babil-on) drept: "mama curvelor și spurcăciunilor"[154] și situa Egiptul alături de Sodoma (Sod-om, on și om fiind același lucru) și Gomora, iar scriitorii Bibliei foloseau numele Egipt și Babilonia ca sinonime pentru tot ce era odios, detestabil și rău. Era doar o revărsare naturală, practică, rea a sentimentelor lor răzbunătoare înăbușite. Se rezolvă astfel marea enigmă a tainei Babilonului.

Cititorule, meditează, te rog, asupra acestor lucruri.

Îngerii căzuți sunt transformați în diavoli și balauri.

Credința că Diavolul, alias Balaurul, este un înger căzut a devenit larg acceptată în lumea creștină. Sfântul Ioan vorbește despre căderea balaurului (pierderea calității de înger) și aruncarea acestuia în fântâna Adâncului. Cum s-a întâmplat să cadă bătrânul căpitan balaur (căpitan al caprelor infernale)? Păi, a căzut pur și simplu în mâinile creștinismului și acesta l-a metamorfozat din Dumnezeu în Diavol. L-au dat jos de pe tronul lui Dumnezeu din cerurile Babilonului și Egiptului, l-au înarmat cu coarne, copite, coadă și l-au transformat în Diavol, înger căzut, balaur. L-au aruncat în fântâna Adâncului drept răzbunare pentru sclavia la care fuseseră supuși de aceste popoare în trecut.

---

[154] Apocalipsa XVII, 5.

Potrivit misticului Sfânt Ioan, atunci când balaurul a căzut din Rai, i s-a încurcat coada între stele şi a smuls o treime dintre acestea şi le-a tras jos cu el pe planeta noastră mică. Nu-i de mirare că au fost violenţe în „Împărăţia cerurilor"[155]. Totuşi, este literalmente adevărat din punct de vedere astronomic. Potrivit lucrării "Geografia Cerurilor" a lui Burritt, balaurul (Dragonul) astronomic se întinde pe o mare parte a bolţii cereşti, cuprinzând cel puţin cinci constelaţii importante. Cât priveşte căderea, este adevărată şi aceasta pentru că Dragonul (un semn zodiacal al lunii Octombrie), sub numele de Scorpion, a căzut. Odată în luna recoltelor (August), a căzut încet, încet prin procesia echinocţiilor, până a ajuns sub orizontul de Sud în fântâna Adâncului sau fântâna întunericului. Ideea de îngeri căzuţi nu este nouă şi nu a fost introdusă de Biblia creştină.

Biblia hindusă, care este mai veche cu cel puţin trei mii de ani (Vedele), furnizează în cadrul celui de-al treilea capitol o relatare oarecum detaliată a episodului îngerilor căzuţi. În cadrul celui de-al patrulea capitol le este descrisă pedeapsa, care a constat în aruncarea lor de sus, din paradis (pentru că se răzvrătiseră împotriva Cerurilor, adică împotriva Trinităţii unitare formată din Brahma, Vishnu, Shiva) în Ondera (fântâna adâncă şi întunecată). Acolo aveau să rămână până când Mijlocitorul, numit şi Mielul Domnului, cea de-a doua persoană din Trinitate, va fi intervenit pentru ei şi le va fi adus mântuirea. Trebuiau, totuşi, să rămână acolo timp de o mie de ani, ceea ce ne aminteşte balaurul Sfântului Ioan „legat pentru

---

[155] Matei XI, 12.

o mie de ani"[156]. Tradiţia persană în privinţa îngerilor căzuţi, care se găseşte în Biblia lor (Zend-Avesta), este oarecum asemănătoare, cu excepţia faptului că din cele 30 de categorii de îngeri, au făcut doar unul să cadă. Acesta a devenit Peris, Diavolul.

SFÂRŞIT

---

[156] Apocalipsa XX, 7.

www.ingramcontent.com/pod-product-compliance
Lightning Source LLC
Chambersburg PA
CBHW071624170426
43195CB00038B/2108